Daniel Meurois

Advaïta - Einssein mit Allem

Daniel Meurois

ADVAÏTA

EINSSEIN MIT ALLEM

Befreie das Göttliche in dir

Aus dem Französischen von Anja Schmidtke

SILBERSCHNUR VERLAG

Veröffentlicht in Partnerschaft mit Maurice Baldensperger und Francis Hoffmann GbR »Publish Vision« · www.publishvision.de · info@publishvision.de

ISBN: 978-3-96933-078-4

1. Auflage 2024

Übersetzung: Anja Schmidtke
Gestaltung & Satz: Beeg | graphics, Kirchheimbolanden
Umschlaggestaltung: XPresentation, Güllesheim
Druck: Finidr, s.r.o. Cesky Tesin

Verlag »Die Silberschnur« GmbH · Steinstr. 1 · 56593 Güllesheim
www.silberschnur.de · info@silberschnur.de

In Erinnerung an
meinen Freund Roger Oudart,
einen Pilger des Selbst

»Geheim lebt unter der Brust
ihr die Wunde ...«
Vergil, Aeneis

Inhalt

Das Alphabet einer anderen Art zu leben 13

1. Kapitel: Die Anatomie des Göttlichen
Eine offenkundige Präsenz 17
Göttlich oder Gott? 20
Auf der Suche nach der Gebrauchsanleitung fürs Leben 23
Die Nacht von Varanasi 25
Tausend Universen in uns 27
Eine Frage des Engagements und der Methode 32
Vorbemerkungen zu den Übungen 33
1. Die Visualisierung 33
2. Die Atmung 35
1. Übung: Der kosmische Körper 36
1. Phase 36
2. Phase 37
3. Phase 38
4. Phase 38
Der Personalausweis des Lichts 39
Von der Allgegenwärtigkeit trinken 42
Die Noten entdecken, die es zu spielen gilt 44

Die Entscheidung zur Hingabe 47
2. Übung: Francescos Schale 48

2. Kapitel: Eine Erkundung des Egos
Das Gefängnis und seine Gitterstäbe 51
Von der Seele zum Ego 54
Raum für Dampf schaffen: Die aufsteigende Materie 59
Das Streben nach Klarsicht 59
3. Übung: Das Spiel der Transparenz 61
Fehler und Schwächen, Qualitäten und Potenziale 62
Das Prinzip der Herausforderung 66
Neid 66
Groll 67
Kritiksucht 68
Fazit 68
Eine aufschlussreiche Frage 70
Von der Konfrontation zur Überwindung 72
4. Übung: Jeshuas »Warum-Übung« 75
Das Warum der Warums: Die Reifung der Antworten 77
Die Falle unserer Erinnerungen 79
Von Erinnerungen des Egos zum Gedächtnis der Seele 82
5. Übung: Die christliche Übung der zwei Rosen 83

3. Kapitel: Von uns selbst zum Selbst
Die Erweiterung unseres Weges 87
Auf der Suche nach der Startbahn 88
Was ist das Selbst? 90
Begegnung mit Meister Morya 91
Das schlechte Cholesterin der Seele 94
Unsere Essenz kann nicht verunreinigt werden 96
Die Geburt der Masken 97
6. Übung: Das Juwel 99
Die Übung verstehen, um sie richtig zu verinnerlichen 101
Geistes-Furcht 104
Das Unbehagen der Verwandlung 108
Das Trugbild des Egos 109
Zwischen Maya und Advaïta … Unsere Dekonditionierung 110
Eine Unterweisung Babajis 113
7. Übung: Babajis Übung 116
Die Entscheidung zu vertrauen 121

4. Kapitel: Vom Sündenfall zur Entschuldung
Die Notwendigkeit zur Deprogrammierung 123
Ein freier Fall? 126
Der Fall im Fall 130
Das Recht zur Rebellion 131

8. Übung: Training zur mentalen Deprogrammierung 133
Unser Zellgedächtnis neutralisieren 136
9. Übung: Übung zur Befreiung der Zellen 138
Die Bedeutung des Einsseins 140
Die Pixel unseres Lebens 144
Das innere Auge 146
Die Baustelle der Entmutigten 151
Entschlossenheit zur Entspannung 154

5. Kapitel: Mythos und Realität der Rückkehr zum Selbst
Leitplanken eines gewundenen Weges 157
Die Weisheit eines alten Mythos 158
Die Straßen des Erwachens 162
Ein unbekannter Meister 167
Psychische und spirituelle Erschütterungen 168
Körperliche Erschütterungen 170
Swami Geduld ... 172
Die vier goldenen Regeln 174
10. Übung Vergebung und Güte schenken 176
Die Straße der Meister 182

6. Kapitel: Wege, um neu geboren zu werden 189
Den Weg des Dienens neu definieren 194
11. Übung: Der Kalender der Verwandlung der Essener 197

Ein Frühlingsnachttraum 204
Die Macht der Erfahrung 209
Das Gelübde der Gelübde 210
Über die Übungen hinaus:
Das Gelübde nach Babaji 213
Ein Körper, eine Seele 216
Das Geheimzeichen 219
Gebet der Dankbarkeit 221

Der Autor 223

DAS ALPHABET EINER ANDEREN ART ZU LEBEN

Möchten Sie gerne »weitergehen«, Ihre Art zu leben verändern? Möchten Sie gerne all die Automatismen ablegen, in die Sie immer wieder verfallen, wenn Sie sich Sorgen machen, Angst haben, sich schützen wollen, sich ärgern oder frustriert sind?

Kurzum: Möchten Sie endlich, und sei es auch nur ein wenig, wahren Frieden finden und einfach wieder Sie selbst sein, so wie Sie wissen, dass Sie tief in Ihrem Herzen sind?

Ich persönlich glaube: Auch wenn sich manche aus Stolz dagegen sträuben, wünscht sich das eigentlich jeder – zumindest alle, die sich bewusst sind, eine Seele zu haben, und sie in ihrem täglichen Leben gerne mehr »berühren« würden.

Ich glaube auch, dass sich das alle zutiefst wünschen, die fühlen, dass die Welt, die wir uns geschaffen haben und in die wir akzeptiert haben, uns einzwängen zu lassen, ein Friedensverächter und Bewusstseinsvernichter ist ... eine Welt, die uns zersplittert und spaltet, statt uns zusammenzuführen, uns Trost zu spenden und uns mit uns selbst zu vereinen.

Bedeutet das etwa, dass alles Schicksal ist, eine Folge, die der großen Bewegung des Lebens von Natur aus innewohnt?

Dieses Buch ist dazu da, um das zu verneinen. Es ist dazu da, um uns daran zu erinnern, dass es ein anderes Alphabet gibt, mit dem wir nicht nur dieses Leben, sondern auch unser Leben lesen können.

Es ist dazu da, um wieder die Erinnerung an die Verbindung in uns wachzurufen, die uns mit der Präsenz der Liebe vereint, die wir das Göttliche nennen.

Einfach gesagt gibt es dieses Buch, um Gutes zu bewirken, um das essenziellste Gute zu unterstützen, das vorstellbar ist: die Anerkennung des Lichtes in unserem Wesen und unserer Fähigkeit, Zugang dazu zu erhalten.

Natürlich wollte ich, dass es undogmatisch ist, offen für alle klaren Horizonte, innere Ausdehnung fördert, beruhigt und tröstet.

Dafür habe ich auf meinen Erfahrungsschatz, meinen persönlichen Weg und die Begegnungen zurückgegriffen, die ich das Glück hatte, erleben zu dürfen.

Dieses Buch ist daher ein wichtiger Teil meiner Wegstrecke hin zur Entdeckung des Advaïta, des Einsseins mit Allem.

Wenn ein Duft des Friedens daraus aufsteigt und den tiefen Wunsch in Ihnen weckt, einen inneren Wandel zu beginnen, dann waren diese Seiten nicht umsonst.

Sie werden darin einige Übungen und Meditationen finden, die jedem zugänglich sind. Sie sind eine Art Reinigungsprogramm zum inneren Einswerden. Je nach den Umständen und der Persönlichkeit des Einzelnen können sie komplett oder zum Teil durchgeführt werden.

Sie stammen größtenteils aus der alten Ärzteschule Alexandrias, von den Essenern vom Karmel, von Jesus Christus, von Meister Morya und von Mahavatar Babaji und laden jeden ein, die Dinge selbst in die Hand zu nehmen und die Illusion der Getrenntheit zu überwinden, die allen unseren täglichen Problemen und Leiden zugrunde liegt.

Wie alle meine bisherigen Bücher und Berichte, wurde auch Advaïta in Aufrichtigkeit und Liebe geschrieben.

Sie können es sich also zu eigen machen und nach Herzenslust seinen Duft atmen ...

Daniel Meurois

1. Kapitel

DIE ANATOMIE DES GÖTTLICHEN

Eine offenkundige Präsenz

Das Göttliche ... Der Begriff allein löst bei nicht wenigen in unseren »erwachsenen, befreiten« Breiten Ärger oder Sarkasmus aus. Bei vielen provoziert er eine Art allergische Reaktion.

Und das aus gutem Grund! Denn wir verbinden ihn unweigerlich mit der missbräuchlich allmächtigen, ja sogar diktatorischen Allmacht einer gewissen Kirche. Im Bruchteil einer Sekunde kann er bei uns Gedanken an die Beichte, den verpflichtenden Sonntagsgottesdienst, die Absurditäten eines zeitlich erstarrten Dogmas, ein Lügengebäude oder ganz einfach einen konditionierenden, versklavenden Mythos auslösen.

Wir könnten hier lange darüber sprechen und damit die ermüdende geistige Maschinerie am Laufen halten, die uns zu Wesen der Dualität gemacht hat. Aber zum Glück lade ich Sie hier nicht in diese Richtung und auch nicht auf diese Art von Weg ein. Die Landschaft, durch die ich Sie führen möchte, ist ungleich leichter und freudiger, denn sich auf die Suche nach der Einheit im Selbst, also nach dem Göttlichen, zu machen, hat nichts Trauriges an sich. Es ist sogar ein schönes Abenteuer, das die Verfechter von Fesseln und Enthaltsamkeit Lügen straft. Ein Abenteuer, das uns mit uns selbst, mit dem Leben versöhnt.

Um diesen Weg mit mir zu gehen, müssen Sie natürlich, wenn auch nur ganz vage, innerlich eine Präsenz wahrnehmen, eine heilige Präsenz, die zugleich eine absolute Intelligenz und ein absolutes Herz ist. Doch das ist bestimmt der Fall, da Sie ja etwas dazu veranlasst hat, dieses Buch zu öffnen. Falls nicht, nun – dann kann ich nichts für Sie tun, außer vielleicht Ihre Neugier wecken.

Ist all das eine Glaubensfrage? Nein, ganz und gar nicht. Man kann bei allem immer sagen: »Ich glaube, dass ...« Es kostet nicht viel und bedeutet auch nicht gerade viel, denn im Allgemeinen beruhen unsere Glaubenssätze auf der vermeintlichen Akzeptanz einer Wahrheit, die von unseren Eltern, unserem sozialen Umfeld und unserer Kultur postuliert wurde. Nur selten bringen sie unsere eigenen Erfahrungen zum Ausdruck, da sie vor allem unsere Konditionierung widerspiegeln. Zu Beginn der Reise geht es mehr um dieses innige Gefühl, das wir den Glauben nennen und das mit der Suche nach der Erfahrung einer geheimnisvollen Facette des Lebens, des Heiligen, einhergeht.

Es ist also nicht mein Anliegen, zum Glauben einzuladen, sondern zum Erfahren. Nicht aus Spaß am Argumentieren, sondern um der Heiterkeit und der Freude willen. Mit anderen Worten: Um des Glücks willen, denn in Wahrheit versucht niemand, sich dem Göttlichen zu nähern, einfach um sich dem Göttlichen zu nähern. Ziel ist immer das Glück und dann die Glückseligkeit, deren Vorbote es ist.

Mit einer Prise Humor könnte man also fast sagen, dass alle wahren Mystiker - die Glauben wirklich erfahren wollen und sich ihm nicht einfach nur beugen wollen - große Egoisten sind, da sie alles daran setzen, sich aus dem Kreislauf des Leidens zu befreien.

Ja, man könnte das fast sagen - wäre da nicht eine Art »göttlicher Egoismus«, der zur dringenden Pflicht wird, sobald wir zu verstehen beginnen, dass der Daseinsgrund der Sonne darin besteht, zu erhellen und zu wärmen.

Damit möchte ich sagen, dass der Zustand des Glücks und der Glückseligkeit, den ein Wesen zu leben und auszustrahlen vermag, die Aufgabe hat, ansteckend zu sein.

Mit anderen Worten: Wie können wir Liebe schenken - da es ja letztendlich um sie geht -, wenn wir sie nicht selbst gefunden oder zumindest nicht von ihr gekostet haben?

Es ist also mein Anliegen, dass Sie sie in sich selbst kennenlernen.

Doch um diese Reise zu unternehmen, also den Experimentierbereich zu betreten, müssen wir uns vor allem erst einmal trauen, die wahren Fragen zu stellen.

Die erste dieser Fragen lautet:

Göttlich oder Gott?

Das Fragezeichen mag belanglos aussehen, aber das ist es nicht.

Ja, die Unterscheidung zu treffen, vom Göttlichen statt von Gott zu sprechen? Weil es nicht wirklich dasselbe ist.

Für die allermeisten von uns bleibt Gott »jemand«, ein »Super-Jemand«, der irgendwo in der Unermesslichkeit der Himmelsgefilde beheimatet ist. Wohl oder übel stellen wir uns Ihn immer noch ein bisschen mit den Gesichtszügen vor, die Michelangelo Ihm in der Sixtinischen Kapelle in Rom verliehen hat.

Natürlich wissen wir, dass das falsch ist, aber wir wurden darauf konditioniert, Ihn als Wesen zu sehen, das uns ähnelt, da wir »nach Seinem Abbild« erschaffen wurden, also nach dem Abbild eines Wesens, das außerhalb Seiner Schöpfung existiert und sich vor allem deutlich von ihr, also auch von uns, unterscheidet. Auch wurden wir darauf konditioniert zu glauben, dass wir ohne Unterlass von Ihm überwacht, bestraft und gezwungen werden, Ihn nach bestimmten Regeln anzubeten, wenn wir nicht bis in alle Ewigkeit in der Hölle schmoren wollen, nachdem unsere Stunde des Gerichts gekommen ist.

Es mag sich wie eine Karikatur anhören, aber diese bildhaften Vorstellungen, die im Laufe der Jahrtausende gehegt und gepflegt wurden, sind weiterhin tief in unserem kollektiven Bewusstsein verankert. Ihr kindischer Mummenschanz hat stark zur Ablehnung des Gottesbegriffs im modernen Westen beigetragen.

Die Muslime ihrerseits mussten sich nie mit dieser Art von Problem auseinandersetzen, weil sie von Anfang an so intelligent waren, keine bildliche Darstellung der allem innewohnenden Präsenz zu akzeptieren.

Tatsächlich haben wir Gott aus Unreife getötet, aus dem Bedürfnis heraus, Ihn in einen menschlichen Käfig zu sperren, aus unserem Unvermögen heraus, Ihn zu fühlen, zu empfangen und zu leben.

Deshalb sollte sich von nun an ganz still und selbstverständlich der Begriff des »Göttlichen« durchsetzen und in uns sein Werk der Versöhnung tun.

Denn das Göttliche definiert nicht, es grenzt nicht ein. Es drängt nicht auf, sondern schlägt nur vor. Damit lässt es unserer Seele, was sie am meisten braucht: die vollkommene Freiheit, sich auszudehnen.

Das Göttliche ist ein Versuch der Heraufbeschwörung, der Empfindung der herrlichen Strömung des Lebens, die durch das Universum zirkuliert und sogar über das hinaus, was wir davon verstehen können. Es skizziert in uns das unglaubliche, unendlich intelligente, unendlich liebende Bewusstseinsfeld, das (oft inkognito) alles, absolut alles, durchdringt, was ist.

Das Göttliche ist daher grundsätzlich unfassbar. Es sieht weder wie ein Mann aus noch wie eine Frau und noch viel weniger wie ein Richter. Es ist wie eine Welle oder ein Fluss, der alles durchströmt und durchtränkt.

Es ist keine Option im Leben und ist auch nicht im Besitz irgendeiner Tradition, sondern Es ist das Leben selbst, ein Leben, an dem wir in jeder Nanosekunde unserer Existenzen mitwirken, ob wir es wollen oder nicht.

Wir können Es uns auch als Feuer vorstellen, als Glut, die jedes Wesen mehr oder weniger in Form eines Funkens zum Ausdruck bringt, der sich erinnern und wachsen will.

Sind all das symbolische Bilder? Ja und nein, denn Symbole und Archetypen sind die erste Sprache des Göttlichen[1], deren Sinn wir uns alle bemühen müssen zu erfassen, wenn Worte machtlos sind.

Das Göttliche ist der »Namenlose«, den einige alte Völker, die die Grundlagen unserer Kultur geschaffen haben, respektvoll heraufbeschworen. Aber selbst wenn wir »Der Namenlose« sagen, benennen wir ja schon wieder! Vielleicht ist es ja dieser schwer zu überwindende Widerspruch, der so manchen großen Mystiker veranlasst hat, ein Schweigegelübde abzulegen ...

Der Begriff des Göttlichen bringt also nicht die Empfindung irgendeiner Präsenz in uns zum Ausdruck, sondern der Präsenz, des geheimnisvollen Lebensfunkens, der in jedem Blick erstrahlt. Das Wunderbare an Ihr ist, dass Sie weder ein Glaubensbekenntnis noch einen Ritus vorschreibt. Sie ist einfach ... Was auch völlig genügt, ist Sie doch der Schlüssel zu diesem »friedvollen, freudigen Selbst«, das wir verzweifelt überall suchen.

---

[1] *Siehe »Parallele Universen: In meines Vaters Haus sind viele Wohnungen« desselben Autors, S. 149.*

Auf der Suche nach der Gebrauchsanleitung fürs Leben

All das wissen wir natürlich mehr oder weniger ungenau, seit wir begonnen haben, über den Sinn unseres Lebens und über unser Ziel nachzudenken. Leider erfassen wir im Dschungel unseres Alltags nur selten die Tragweite und die möglichen Konsequenzen all dessen.

Warum? Wohl weil uns in unserer Gesellschaft niemand – von Ausnahmen einmal abgesehen – jemals eine Gebrauchsanleitung dafür gibt, wer wir sind und was das Leben ist.

Aber kann es eine derartige Gebrauchsanleitung denn überhaupt geben? Sicherlich nicht in einer starren Form – denn der Weg und die Erfahrung jedes Einzelnen sind einzigartig und unersetzbar –, aber in Grundzügen ja.

Mir selbst wurde eine der schönsten Zeilen dieser »Gebrauchsanleitung« vor etwas mehr als 30 Jahren in Indien übermittelt. Hier meine Schilderung, wie all das vom Göttlichen in Szene gesetzt wurde ...

Damals hielt ich mich mit meinen Reisegefährten in Varanasi auf. Die dem Ganges geweihte heilige Stadt zog mich sofort in ihren Bann mit ihren bunten Menschenmengen, die im schlammigen Wasser des Flusses ihr rituelles Bad nahmen.

Faszinierend waren auch die unzähligen Sadhus und Yogis, die ununterbrochen auf ihren Steinblöcken saßen, mit verlorenem – oder gefundenem – Blick, der auf irgendeinen inneren Horizont gerichtet war.

Auf einem Spaziergang fiel einer dieser Männer mir besonders auf. Auf einem »Ghat«[2] sitzend, hätte er einfach als Meditierender unter vielen durchgehen können. Aber seine Kleidung veranlasste mich, mich ihm etwas zu nähern, indem ich mir einen Weg durch die Abfälle und verwelkten Blütenketten bahnte, die auf den Treppenstufen herumlagen. Im Gegensatz zur Kleidung der anderen Asketen, Yogis und Pilger war sie extrem gepflegt ...

Sein safrangelbes Gewand war so sorgfältig um seinen Körper drapiert, dass man hätte meinen können, der Mann würde auf das Klicken eines Fotoapparates warten, um dann die Hand auszustrecken und ein paar Rupien für sein Essen einzusammeln. Aber nichts dergleichen.

Mit geschlossenen Augen, anscheinend unempfindlich gegenüber dem Lärm und dem geschäftigen Treiben, war er offensichtlich »anderswo«, ich möchte sagen außerhalb der Sorgen und Belange unserer Welt. Für einen Augenblick glaubte ich sogar, ein leichtes Lächeln auf seinen Lippen auszumachen, als würde er irgendeine unaussprechliche Wirklichkeit an einem anderen Ufer berühren ...

Ich suchte vergeblich seinen Blick ... Hinter dem geschlossenen Vorhang seiner Lider mit ihren pechschwarzen, langen Wimpern schien er auch zu lächeln.

Schließlich fühlte ich mich vier Schritte von ihm entfernt irgendwie überflüssig und entfernte mich von ihm mit dem seltsamen Gefühl, ein Mysterium gestreift zu haben.

---

[2] *Ghat: Treppenzugang zum Ganges.*

Die Sonne ging fast ohne Vorankündigung unter, wie so oft in diesen Breiten, und in meinem kleinen, mehr als bescheidenen Zimmer überließ ich meinen müden Körper der Nacht. Erschöpft schlief ich ein, den Blick der Seele noch voll von den tausend Eindrücken des Tages.

Die Nacht von Varanasi

Doch nach einiger Zeit, ich weiß nicht wann, »wachte« ich plötzlich im Schlaf auf. Ich war damals schon an diesen faszinierenden Zustand gewöhnt, der nichts mit Träumen zu tun hat und in dem unser Bewusstsein extrem klarsichtig wird, während der Körper schläft.

In einem undefinierbaren Raum stand direkt vor mir der Yogi (oder Sanyassin), der mir einige Stunden zuvor so besonders aufgefallen war.

Ich wusste sofort: Wenn ich hier vor ihm stand, dann deshalb, weil er mich gerufen hatte.

Im perfekten Lotussitz saß er völlig regungslos inmitten der Sternennacht und schien noch nicht einmal zu atmen. Er sagte kein einziges Wort, aber was ich dann sah, markierte den Beginn einer wahrhaften Umwälzung meines Geistes, der begierig war, zu verstehen und zu begreifen ...

Plötzlich atmete der Mann langsam und tief ein ... und während seine Lunge sich mit Luft füllte, sah ich, wie sämtliche Sterne am Firmament durch alle Poren seines Wesens in ihn hineinströmten.

Er wurde zum Ebenbild des Kosmos ... Seine Körperoberfläche war dunkel wie die Nacht geworden, und doch funkelte sie vor Sonnen, Monden, Sternenbildern und Himmelsstaub, die vor Leben knisterten.

Die Erfahrung dauerte nur wenige Augenblicke. Kurz darauf war ich hellwach in meinem Körper, mit einem unglaublichen Gefühl der Erfüllung. Alles war so präsent und klar! Noch ganz ergriffen von diesen Bildern wurde mir unmittelbar klar, dass »Man« gerade die Voraussetzungen in mir geschaffen hatte, um das Leben und den Menschen voll und ganz zu verstehen.

Mir war nicht nur gezeigt worden, dass der Mensch einen ganzen Kosmos verkörpert, sondern auch, dass er durch die Suche nach seiner Befreiung dazu eingeladen ist, diese Wahrheit bis in seine Zellen hinein zu verinnerlichen. Nicht mit Luft füllte der Yogi sein Wesen, sondern mit Energie im reinen Zustand. Offensichtlich hatte er zu einer »Seelenatmung« gefunden, die das Universum absorbierte und in ihm niederließ ... bis er sich vollkommen mit dem Körper des Göttlichen identifizierte.

In seiner Meditation wurde er so zu einem Kosmos, indem es ihm gelang, dessen Präsenz in sich zu verinnerlichen. Durch die Art und Weise, wie er mir sein Vorgehen gezeigt hatte, verstand ich nun auf eine andere als intellektuelle Weise den Ausdruck, nach dem der Mensch nach dem Ebenbild des Göttlichen geschaffen ist.

Ich sah, berührte mit dem Herzen diese Wahrheit, nach der die Gesamtheit des materiellen Universums, in dem wir leben und uns weiterentwickeln, nichts anderes ist als der Ausdruck des physischen Körpers des Göttlichen.

Im vollkommenen Erstaunen erkannte ich, wie wir uns an Seiner Oberfläche und in Seinem Raum bewegen, ohne Es aber wahrnehmen zu können, weil wir so unendlich klein sind und es uns an der nötigen Höhe fehlt.

Was konnten wir also tun, um zu wachsen und unsere Flügel auszubreiten? Was war das wahre Geheimnis des Mannes, der mir diese wunderbare Lektion erteilt hatte?

Aber damit endeten auch schon meine fragenden Gedanken, denn kurz darauf bekam ich den nächsten »Schlafanfall« und wachte wieder mit derselben Klarsicht im Traum auf.

Wieder saß der Yogi in derselben Pose vor mir, den ganzen Körper voller Gestirne, Sternenbilder und Sternenstaub ... Ich erinnere mich, dass mich kein einziger Gedanke streifte. Ich wartete ...

Ich wartete, bis der Blick meiner Seele von einem bestimmten Bereich seines Körpers angezogen wurde; ich glaube, es war der Bereich seiner Leber. Dann tauchte jenseits aller Willenskraft »etwas« von mir in ihn hinein, als würde mein inneres Auge von einer höheren Absicht ferngesteuert. Es ist schwierig zu beschreiben, was ich erlebte ... Ich hatte den Eindruck, endlos zu fallen und unermesslich klein zu sein ...

Tausend Universen in uns

Entdeckte ich gerade das Universum einer Leber? Vor einem purpurfarbenen Firmament schwebte ich in etwas, das ein echtes Sonnensystem zu sein schien. Es gab zahlreiche Planeten darin und ein Feuer, das sie zu umkreisen schienen. Dieses Feuer war eine Keimzelle, eine pulsierende Kraft, die, da war ich mir sicher, wie ein Gedächtnis die unzähligen Planeten speiste, die auf sie ausgerichtet waren.

Wo war ich? War ich im Herzen des Lebens? Dort, wo es in größter Intimität entstand?

Es war so intensiv, dass mir kurz darauf übel wurde und ich mich praktisch ohne wahrnehmbaren Übergang jäh in meinem Körper auf dem Bett ausgestreckt wiederfand.

Ich war nicht zur kleinsten Bewegung fähig und fühlte mich weiter in einem extremen Wachzustand, mehr als je davon überzeugt, dass »Man« erneut unzählige Informationen in mir ausgeschüttet hatte.

Mir wurde sonnenklar, dass der Mensch definitiv und grundsätzlich in allen Punkten dem Göttlichen ähnlich war.

Er hatte die Verantwortung für seinen physischen Körper, genauso wie das Göttliche sie für Seinen konkreten Ausdruck, unser Universum, hatte. Dem Menschen kam also die Rolle zu, das Leben seiner Organe weiter zu verbreiten und zu erhalten, indem er ihnen vor allem Intelligenz und Liebe zukommen ließ. Mehr als eine Rolle, war es eine Aufgabe, eine Notwendigkeit, durch die er letztendlich Glückseligkeit erlangen konnte.

Das unendlich Große spiegelte sich im unendlich Kleinen wider. Das war also nicht einfach nur ein schönes, poetisches Bild, sondern eine grundlegende Wirklichkeit, und es musste uns gelingen, uns von ihr durchdringen zu lassen, um in Weisheit und Licht zu wachsen.

Was konnte es Wichtigeres geben als uns selbst zu vervollkommnen, indem wir der absurden Wiederholung der Leidensmuster ein Ende setzten, die in uns eingraviert waren ... weil wir unsere eigene Natur nicht kannten?

So wie das Göttliche Sein eigenes Wachstum und immer größere Vollständigkeit suchte durch die Aussaat Seines Prinzips in allem, was die Schöpfung ausmachte, waren wir im Laufe des Lebens dazu aufgerufen, unser Wesen zu einen und zu vergöttlichen ... ohne dabei aber unseren fleischlichen Körper zu vergessen.

Daraus ergab sich, dass unsere Organe Planetensysteme waren oder enthielten, unsere Körperfunktionen ein Spiegelbild der Sternenbilder waren und unsere gesamte persönliche Galaxie zwangsläufig von einer herrlichen Zentralsonne regiert oder orchestriert werden musste, um die herum sich alles ganz selbstverständlich anordnete ... eine Art »Sirius«, der jedem von uns zu eigen war.

All das nahm seinen Platz in meinem Bewusstsein ein, sicherlich noch etwas ungeordnet, aber auch so kristallklar und offenkundig, dass ich den Rest der Nacht nicht mehr einschlafen konnte.

Mir wurde schlagartig klar: Jeder von uns trug das Prinzip der Göttlichkeit in sich und damit die Verantwortung für die Entwicklung der Mikro-Schöpfung, die sein gesamtes Wesen darstellte, bis ins Herz seiner Zellen, Atome und Moleküle hinein.

Ebenso verkörperte jeder von uns eine Zelle, ja sogar ein Atom oder ein Molekül der Wirklichkeit des Göttlichen. Jeder von uns war ein Teil Dessen, das Es ist, eine Parzelle, die dazu aufgerufen war zu wachsen – also sich ihrer selbst bewusster zu werden –, um wiederum Es, Ihn, wachsen zu lassen.

Alles war nicht nur miteinander verbunden und voneinander abhängig, sondern vor allem war alles nur Eines! Jeder von uns war ein Glied einer fantastischen Kette ...

Die Arbeit an unserer Seele lud uns also dazu ein, früher oder später an unserem Körper, unseren Zellen und unseren Atomen zu arbeiten. Außerdem brachte uns all das gleichzeitig dazu, an der Ausdehnung des Göttlichen mitzuwirken, uns Ihm zu nähern, bis wir uns mit Ihm identifizierten.

Es war eine Art lichtvolle »Gebetskette« aus süßen Notwendigkeiten, bei der es nur befriedend und befreiend sein konnte, sie der Reihe nach abzuarbeiten. Heute, nachdem einige Zeit vergangen ist, könnte ich den Prinzipien des Hologramms entsprechend noch hinzufügen, dass wir als Glieder dieser Kette ihre Gesamtheit in uns tragen.

Seit dieser magischen Nacht in Varanasi habe ich mich oft innerlich an meine »Sternenbilder« und die sichtbaren oder unsichtbaren Himmelswege gewandt, durch die sie kommunizieren. In schwierigen Momenten hat mir das immer sehr geholfen, vor allem, sobald nicht mehr mein Verstand die Wahrheit erfasste, sondern die Zentralsonne meiner eigenen Galaxie: mein sichtbares und unsichtbares Herz.

Damals habe ich gefunden, was ich seitdem als »Gebrauchsanleitung« des Lebens in uns betrachte: den Pfad des Advaïta.[3]

---

[3] *Advaïta: Sanskrit-Begriff, der den Zustand des Einsseins mit Allem, die Überwindung der Dualität, beschreibt.*

Das zu verinnerlichen und uns selbst im Ganzen und im Herzen als vom Göttlichen durchdrungener Kosmos zu erkennen, hat nichts mit dem Ego zu tun, sondern es bedeutet, einen entscheidenden Schritt hin zu uns selbst, hin zu Allem, zu gehen.

Eines ist klar: Wenn unsere Gesellschaft es zulassen und dafür Sorge tragen würde, dass wir genauso viel Energie darauf verwenden, das zu verstehen und zu leben, wie darauf, Lesen, Schreiben und Rechnen zu lernen, dann wären innere Ruhe und Freude nicht mehr ganz so sehr Mangelware auf dieser Welt!

Ich glaube aber, dass es nicht nur wichtig ist zu lernen, im Alltag zurechtzukommen. Genauso wichtig ist auch zu lernen, wer wir wirklich sind, und uns als Teil eines Alles zu fühlen, das unendlich mit der Ordnung des Universums verbunden ist.

Im Laufe der Jahre bin ich zu dem Schluss gekommen, dass wir durch unsere radikale Abtrennung von unserem »inneren« Wesen und seinem göttlichen Funken einem Fahrer gleichen, der praktisch nichts von seinem Fahrzeug weiß: weder die Marke noch den Kraftstoff noch die meisten Bedienelemente oder das Fahrtziel.

Kurz gesagt sind wir im Blindflug unterwegs, ohne zu wissen, was *das* Leben uns geschenkt hat und vor allem, was das Prinzip dieses Lebens bedeutet.

Eine Frage des Engagements und der Methode

Aber wenn das einmal gesagt ist, was bleibt uns dann noch? Vielleicht könnte man dann noch beklagen, dass unsere Gebrauchsanleitung so gut in uns versteckt ist, dass nur ein paar Privilegierte sie in die Hände bekommen – indem sie zum Beispiel einem Yogi am Ganges-Ufer über den Weg laufen?

Aber so ist es nicht, denn jeder kann sich selbst ans Werk machen, sobald er es leid ist, von sich selbst abgetrennt in einem Leben gefangen zu sein, das von Frustration und Stress bestimmt wird.

Sich selbst ans Werk zu machen bedeutet, jeden Tag ein wenig Zeit dafür zu verwenden, die Bedeutung dieses Weges zu erspüren und zu akzeptieren, dafür einige Grundsätze und Konditionierungen über Bord zu werfen.

Allen, die den Mut haben, diesen Entschluss zu fassen, soll dieses Buch mit praktischen Übungen, wichtigen Betrachtungen und aussagekräftigen Anekdoten als Methode dienen.

Eine Methode ist allerdings keine Rezeptsammlung. Sich auf die Suche nach sich selbst zu begeben, um die Spur des Göttlichen zu finden, bedeutet nicht, Zutaten zusammenzustellen, in einer bestimmten Reihenfolge zu mischen und dann innerhalb einer bestimmten Zeit zu kochen.

Das menschliche »Material« ist viel ungreifbarer und flüchtiger als jedes andere. Vor allem ist jede seiner Ausdrucksformen einzigartig, frei und damit unvorhersehbar. Was könnte auch normaler sein?

Das Göttliche lässt sich nicht konservieren. Sein Hervortreten lässt sich auch nicht in zehn Lektionen programmieren. Zunächst lernen wir, Es wahrzunehmen, dann lernen wir Es kennen, bevor wir uns dann mit Ihm vermählen und Es sich mit uns vermählt, wie als Antwort auf das Offensichtliche, das seit jeher in unserer Seele und in unseren Zellen eingeschrieben steht.

Vorbemerkungen zu den Übungen

1. Die Visualisierung

Sie werden feststellen, dass bei den Übungen in diesem Buch oft von Visualisierung die Rede ist. Viele von uns kennen sie zwar gut und können sie daher leicht anwenden, aber viele andere empfinden sie als entmutigendes Hindernis.

Wie oft habe ich schon gehört: »Ich schaffe es einfach nicht, irgendetwas zu visualisieren. Wie funktioniert das, und wozu ist es gut?«

Das Ziel der Visualisierung ist es, zuerst einmal von unserem geistigen Raum aus eine »Schwingungswirklichkeit« zu erschaffen. Mit anderen Worten soll eine Übung, bei der wir uns ein genaues Bild hinter geschlossenen Lidern vorstellen, bei regelmäßiger Wiederholung bewirken, dass eine Gedankenform, also der Keim einer kommenden Wirklichkeit, in unserer Aura erschaffen wird. Je kraftvoller und präziser die energetische Masse dieser Gedankenform ist, desto mehr wird sie in uns inkarnieren.

Als Nächstes wird sie dann von unserer mentalen Aura zu unserem ätherischen Körper und dann zu unserem fleischlichen Körper herabsteigen, bis sie in sein Gleichgewicht eingreift.

All das geht von dem Prinzip aus, dass ein Gedanke sich gewissermaßen verdichten kann, wenn er von einem inneren Bild unterstützt wird. Dann können wir ihn so lenken, dass er die gewünschten Veränderungen veranlasst oder aufrechterhält.

Nun bleibt noch das Problem mit dem Bild ... Wie können wir »etwas« oder einen »Zustand« visualisieren, wenn wir keine natürliche Begabung dafür haben? Wenn wir uns dazu zwingen, führt das unweigerlich zu Verspannungen und Blockaden, die dem gewünschten Ziel zuwiderlaufen.

Um diese Schwierigkeiten auszuräumen, müssen wir einfach verstehen, dass die von einem Bild suggerierte Wirklichkeit sich auch anders als visuell ausdrücken kann. Denn wir können uns ihr auch durch eine Empfindung nähern.

Wenn wir zum Beispiel visualisieren sollen, dass unsere rechte Hand lichterfüllt ist, und uns das nicht gelingt, fällt es uns sicherlich leichter, das Licht in diese Hand einzuladen.

Dann rufen wir es innerlich herbei, bis wir es in unserer Hand spüren und es sanft und vielleicht auch frisch aus ihr herausstrahlt.

Es nützt also gar nichts, unbedingt »sehen« zu wollen, wenn es für uns natürlicher ist, einzuladen und zu empfinden. Unsere innere Arbeit wird analog genauso wirkungsvoll sein.

Der Weg der Empfindung ist vielleicht mehr mit dem Herzen verbunden als der Weg des Bildes, denn auf ihm findet eine Art *Seelenberührung* statt.

2. Die Atmung

Ein fast identisches Problem gibt es bei der Atmung. Einige Übungen empfehlen, auf eine bestimmte Weise zu atmen. Nicht jeder fühlt sich unbedingt wohl mit einer Atemdisziplin, auch wenn alle oder fast alle es schaffen, in einem bestimmten Rhythmus ein- und auszuatmen.

Es scheint also, dass Atemarbeit, mit der wir nicht im Einklang sind, manchmal zu viel Raum in einer Übung einnimmt und damit ihren Nutzen verringern kann.

Wenn ein bestimmter Atemrhythmus uns zu viel Aufmerksamkeit abverlangt, sodass wir sogar vielleicht das Wichtigste an der Übung verpassen, wird das verständlicherweise mehr schaden als nützen.

Die Lösung ist einfach: Sie besteht darin, die »kontrollierte Atmung« wegzulassen, zumindest bis wir die anderen Teile der Übung gemeistert haben.

Eigentlich ist das eine Frage des gesunden Menschenverstandes, denn wir sind in einem Bereich, in dem alles, was geistige Ablenkung, Anspannung oder Unbehagen erzeugt, zum Hindernis werden kann, wenn wir eine starre Haltung dazu einnehmen.

Die Biegsamkeit, zu der wir hier kommen müssen, ist eine Form von Intelligenz: Ein Hindernis zu benennen, verstärkt und verfestigt es in aller Regel nur.

Die innere Haltung, die wir in einer Übung entwickeln, ist wichtiger als die technische Perfektion, mit der wir die Übung durchführen.

Tatsächlich gibt es nur zwei Dinge, auf die wir bei der Durchführung einer verwandelnden Übung nicht verzichten dürfen:

Das Erste ist die Willenskraft, denn ohne Willenskraft gibt es keine Beständigkeit im Bemühen.

Beim Zweiten handelt es sich um die Liebe, denn ohne sie bleibt alles Unternommene trocken und steril.

Diese Liebe drückt sich in einer Geisteshaltung aus, die uns anspornt, unsere Arbeit an uns selbst allen Lebensformen zu widmen. Sie wird wie eine Seelenverbundenheit erlebt.

1. Übung
Der kosmische Körper

Diese erste Übung, die dazu dient, die göttliche Strömung in uns einzuladen und als einend wahrzunehmen, wird je nach den Umständen oder persönlichen Vorlieben bequem im Liegen oder Sitzen durchgeführt.

1. Phase

a) Richten Sie Ihr Bewusstsein auf Ihren linken Fuß und visualisieren Sie ihn in einem schönen weißen Licht, das ihn vollständig einhüllt.

b) Verfahren Sie genauso mit Ihrem rechten Fuß.

c) Visualisieren Sie dann gleichzeitig beide Füße, wie sie vom selben Licht durchdrungen sind.

d) Atmen Sie sehr langsam ein und laden Sie dabei das Licht dazu ein, gleichzeitig an beiden Beinen hinaufzusteigen.

e) Halten Sie mit voller Lunge kurz inne und atmen Sie dann langsam aus, während Sie wahrnehmen, wie das Licht wieder an beiden Beinen hinabsteigt.

Idealerweise können Sie die letzte Auf- und Abstiegsbewegung zwei- oder dreimal hintereinander wiederholen.

2. Phase

a) Laden Sie das Licht in die Mitte Ihrer linken Hand ein, auf dieselbe Weise, wie Sie es mit Ihrem linken Fuß getan haben.

b) Gehen Sie zu Ihrer rechten Hand über und visualisieren Sie auch sie erfüllt von demselben schönen weißen Licht.

c) Spüren Sie (oder sehen Sie innerlich) gleichzeitig beide Hände, wie sie von derselben makellosen Energie erfüllt sind.

d) Atmen Sie lange und langsam ein und lassen Sie dabei das Licht von beiden Händen an Ihren Armen hinaufsteigen.

e) Wenn das Licht sie mit seinem Strahlen erfüllt hat, halten Sie den Atem kurz bei voller Lunge an und atmen Sie dann ruhig aus, während Sie den Lichtstrom wieder bis in Ihre Fingerspitzen hinabsteigen lassen.

Wiederholen Sie idealerweise diese letzte Bewegung wie auch schon bei den Füßen zwei- oder dreimal.

3. Phase

a) Richten Sie Ihr Bewusstsein auf die Basis Ihres Körpers, genau auf die Region des Beckenbodens. Nehmen Sie sich Zeit, bis Sie sich dort wohlfühlen.

b) Atmen Sie sehr langsam ein und lassen Sie dabei von diesem Bereich aus dasselbe schöne weiße Licht wie eben in Ihre Bauchgegend aufsteigen.
Wenn Sie an Ihrem Zwerchfell angekommen sind, halten Sie den Atem kurz bei voller Lunge an und atmen Sie dann ruhig aus, während Sie das Hinabsteigen des Lichtes zur Basis Ihres Körpers visualisieren.

c) Wiederholen Sie dieselbe Visualisierungs- und Atembewegung, aber indem Sie etwas schneller einatmen, um das Licht diesmal dazu einladen zu können, von der Basis Ihres Körpers bis zum Hals aufzusteigen und so Ihre Lunge zu füllen.
Halten Sie den Atem kurz bei voller Lunge an und lassen Sie dann beim Ausatmen friedlich die lichtvolle Welle wieder bis zum Beckenboden hinabsteigen.

d) Bleiben Sie eine kurze Zeit in der Stille und praktizieren Sie dann idealerweise diese letzte Bewegung c) erneut noch zwei- oder dreimal, wobei Sie zwischen jeder weiterhin einen Moment der Stille und Ruhe beachten.

4. Phase

a) Richten Sie Ihr Bewusstsein gleichzeitig auf beide Füße. Visualisieren Sie oder fühlen Sie dort die Präsenz des schönen weißen Lichtstroms, den Sie bereits zu sich gerufen haben.

b) Bitten Sie diese makellose Präsenz, allmählich beide Beine hinaufzusteigen und dann ruhig Ihren Bauch, Ihr Becken, Ihre Hände, Ihre Arme, Ihren gesamten Oberkörper und schließlich Ihren Hals und Ihren Kopf auszufüllen ... geradeso, als würden Sie ganz gelassen vollständig in leuchtendes Wasser eintauchen. Visualisieren Sie sich selbst oder nehmen Sie sich selbst wahr wie einen Schwamm, der vollständig mit Licht getränkt ist. Lassen Sie sich darauf ein, seine Sanftheit und vielleicht sogar seine belebende Frische zu fühlen wie eine Frühlingsbrise.

c) Nehmen Sie sich jetzt einen Moment Zeit, um diesen Bewusstseinszustand voll und ganz zu erleben und zu genießen. Es ist wichtig, dass Sie intensiv eine Form der Vertrautheit mit der lichtvollen Präsenz erleben, die Sie eingeladen haben, sich in Ihnen niederzulassen und zu wachsen.

Kommen Sie schließlich wieder aus Ihrer Innenschau heraus und zögern Sie nicht, sich zu dehnen und zu strecken ...

Der Personalausweis des Lichts

Wenn wir diese Übung vertrauensvoll und bewusst durchführen, haben wir natürlich das Recht zu der Frage, was überhaupt dieses Licht ist, das wir in uns einladen, und woher es kommt. Ist es nur ein friedensstiftendes, regenerierendes Bild, eine Art Symbol oder vages Konzept, mit dem wir Autosuggestion betreiben?

Ganz und gar nicht. Es ist alles andere als das, auch wenn es nur auf diese einfache Funktion reduziert durchaus ein schönes Arbeitsinstrument ist.

In Wirklichkeit lässt sich das zu uns gerufene Licht als Ausdruck der Lebendigkeit des Göttlichen betrachten. Es ist der subtile Atem, den Es der gesamten Schöpfung ständig einflößt - und dessen Gegenstück, das unsere physischen Augen erfassen, nur die äußere Hülle ist.

Es ist eine Vermählung von Akasha, Prana und Äther, drei der Hauptbestandteile unseres Universums.

- Aufgrund seines Akasha-Prinzips berührt es unsere kausale Wirklichkeit, die Wirklichkeit unserer tiefen Erinnerungen und unseres Ursprungs.
- Aufgrund seines Prana-Aspektes wendet es sich an unser emotionales und mentales Wesen.
- Und aufgrund seiner ätherischen Dimension reinigt und nährt es den dichtesten Aspekt unserer Zellen.

Kurz gesagt ist dieses Licht, dem wir uns anvertrauen, die totale Heilungswelle, die jeder große Wunderheiler unmittelbar transportiert und nach der jeder Therapeut strebt.

Sind wir dann etwa krank, wenn wir uns mit solchen Meditationspraktiken und Übungen darauf berufen? Alles hängt davon ab, welchen Sinn wir dem Begriff der Krankheit geben. Ich würde eher sagen, dass wir in einem Zustand der Unvollkommenheit durch Getrenntheit sind. Deshalb bleibt ungeachtet unserer Überzeugungen tief in uns immer ein Bereich der Unzufriedenheit, des Mangels, der Einsamkeit und auch des Leids ... selbst wenn wir eigentlich alles haben, um glücklich zu sein.

So werden wir das Licht, von dessen Quelle ich Sie hier einlade, immer wieder zu trinken, als Großen Tröster zu uns rufen und verinnerlichen müssen. Seine Funktion ist es, Sie mit sich selbst zu versöhnen und Ihnen so zu helfen, bis in Ihr Innerstes am Einswerden zu arbeiten.

Sie werden feststellen, dass es darum geht, auf das Einswerden hinzuwirken und nicht gegen Trennung und Zerstreuung anzukämpfen. Einen Krieg anzufangen bedeutet unweigerlich, einen Feind zu benennen und ihn dazu zu veranlassen, sich zu bewaffnen.

Leid in allen seinen Formen darf nicht als Feind, sondern muss als Herausforderer gesehen werden. Es existiert, um uns etwas über uns selbst und unsere Irrwege zu lehren.

Ich gebe zu, dass all das leicht gesagt ist. Aber das ändert nichts daran, dass diese Bewusstwerdung ein Schlüssel ist, um unser Wesen zu »entsiegeln«.

Aber woher entspringt denn nun das Licht, von dem ich hier spreche? Aus der Quelle ... Es geht aus der Aktivität des göttlichen Geistes hervor. In diesem Sinne ist es eine Art »Bewusstseinsmaterie«, die aus Elementarteilchen besteht. Diese sind den bekannten Neutrinos ähnlich, die unlängst entdeckt wurden und schneller sind als das »klassische« Licht, wie es in Einsteins Theorie beschrieben ist.

Ich sage »ähnlich«, denn bei den Elementarteilchen der Bewusstseinsmaterie, von denen ich hier spreche, hat der Begriff der Reise keine Bedeutung. Das Netz dieser Materie ist nämlich so engmaschig, dass es mehr die Allgegenwärtigkeit einer einzigen Wirklichkeit nahelegt als eine Fortbewegung der Parzellen dieser Wirklichkeit von a nach b, mit welcher Geschwindigkeit auch immer.

Wenn wir also in einer Übung das Licht bitten, sich in uns zu manifestieren, erkennen wir so das Einssein unseres Wesens mit der Bewusstseinsmaterie, die fortwährend vom Göttlichen im gesamten Universum zum Ausdruck gebracht wird. Und wir erinnern die Keime unserer Zellen daran, dass ihre Verwandtschaft mit der Essenz allen Lebens weit mehr ist als ein schönes, poetisches Bild.

Die Präsenz des Lichtes in uns wachzurufen und anzurufen, bedeutet nicht, im banalen Sinne des Wortes unsere Fantasie spielen zu lassen. Es bedeutet, in unserem Herzen die Samen der Erinnerung an unseren Zustand der Einheit mit Allem zu bewässern. Es bedeutet, uns eine wunderbare Leiter zu errichten, um aus der kosmischen Versenkung zu gelangen, in die wir uns haben fallen lassen.[4]

Von der Allgegenwärtigkeit trinken

Bei all dem muss ich unweigerlich an den Katechismusunterricht denken, der wie bei vielen aus meiner Generation meine ganze Kindheit geprägt hat.

[4] *Siehe »Maria Magdalena – Das wahre Evangelium« desselben Autors, S. 77–94*

Der gute Abt Édouard aus meiner Kindheit sagte immer wieder zu uns: »Gott ist überall ... Man sagt, dass Er allgegenwärtig ist.« Und wir gingen zurück nach Hause, überzeugt, dass Gott überall sein musste, uns beobachtete und über uns urteilte, stellten uns aber keine weiteren Fragen. Man musste das eben glauben, das war alles. Im Laufe der Jahrhunderte sind wohl Milliarden von Menschen mit diesem Glaubenssatz aufgewachsen und haben mit ihm gelebt. Milliarden, für die das grundsätzlich wohl auch nichts geändert hat.

Warum das? Weil wir uns nicht die Mühe machen, uns mit dem Sinn des Wortes »überall« zu befassen. Es ist ein so simples Wort, dass wir es aussprechen, ohne uns Gedanken darüber zu machen. Verstehen wir eigentlich, was es bedeutet?

Überall bedeutet überall! Also sogar im Herzen eines Atoms oder des winzigsten Teilchens, das wir uns vorstellen können. Das ist einfach unabdingbar! Weder die Schönheit oder Hässlichkeit noch die Grobstofflichkeit oder Feinstofflichkeit noch die Nähe oder Ferne von irgendetwas spielen da eine Rolle. Auch, wenn das so manchen schockiert: »Überall« bedeutet im nicht gerade appetitlichen Kuhfladen genauso wie im zarten Duft einer Jasminblüte.

Und vor allem bedeutet es: in jedem Luftzug, der in unsere Lunge gelangt. Mit dem unbewussten Rhythmus unserer Atmung nehmen wir die göttliche Präsenz in uns auf!

Ich habe Jahre gebraucht, um das festzustellen und zu erkennen, dass das kleine »Glaubensbekenntnis der Allgegenwärtigkeit« meines Katechismusunterrichts vor dieser erstaunlich simplen Entdeckung keinen wirklichen Sinn ergeben hat.

Am großartigsten ist aber, dass diese Bewusstwerdung überaus folgenschwer ist.

Sie bedeutet: Niemand von uns macht auch nur die kleinste Geste, ohne im Körper des Göttlichen zu sein. Niemand berührt, hört, sieht oder atmet etwas oder nimmt etwas zu sich, ohne im direkten Kontakt mit Ihm zu sein.

Kurz und knapp heißt das: *Wir sind in Ihm, so wie Es in uns ist.*

An dem Tag, als diese Entdeckung kometenhaft bei mir einschlug, veränderte sich für die Augen meiner Seele nicht nur die Farbe der Welt, sondern auch die Farbe meines gesamten Wesens.

Überraschenderweise stellte ich dann fest, dass wir zwar unterschiedliche Reinigungsdisziplinen praktizieren können, in denen die Atemkontrolle eine grundlegende Rolle spielt, wie zum Beispiel Yoga, aber ohne dass es uns dabei gelingt, diese essenzielle Wahrheit auch zu verinnerlichen.

Der Grund dafür ist leicht nachvollziehbar: Es ist derselbe Grund, der bewirkt, dass jemand zwar mit einer gewissen Virtuosität die Technik des Geige- oder Klavierspielens beherrscht, aber trotzdem kein großer Geiger oder Pianist ist.

Die Noten entdecken, die es zu spielen gilt

Gibt es also ein Geheimnis, um sich im Göttlichen zu spüren und Es in jedem Augenblick zu atmen?

Es gibt sicherlich kein Geheimnis, das diesen Namen verdient, aber auf jeden Fall einen Auslöser, den es zu finden gilt und der aus einer Reihe kleiner Bewusstwerdungen entsteht ... wie die Blütenblätter der Blume des Erwachens.

Eine dieser kleinen Bewusstwerdungen - und nicht die kleinste - ist diese:

Eine Übung nicht praktizieren, indem wir sie als Übung betrachten, sondern dabei die Essenz des ihr zugrunde liegenden Gedankens in uns einladen, also unseren Verstand von seiner technischen Perfektion befreien.

Ich erinnere mich noch sehr genau, wie sich das bei mir zugetragen hat. Ich war weder in freier Natur noch in einer irgendwie inspirierenden Umgebung, sondern stand ganz banal auf dem Betonbalkon eines sehr bescheidenen Apartments.

Gerade mit einer Atemübung beschäftigt, die ich am Vorabend in meinem Yogakurs gelernt hatte, wurde mir plötzlich klar, dass ich in meiner Konzentration auf eine Nasenöffnung mit dem Wunsch, »es wirklich gut zu machen«, die eigentliche Absicht komplett übersah. Es war mein Verstand, der gerade arbeitete ... Meine ganze Aufmerksamkeit richtete sich auf meine Nasengänge, meine Lunge und meine Bauchmuskeln.

Kurz gesagt fixierte ich mich auf das Instrument, aber nicht auf die Noten, die es zu spielen galt. Man hatte mir nicht gesagt - oder ich hatte nicht verstanden -, dass zu diesen Noten dazugehörte, eine Liebesbeziehung mit der ein- und ausgeatmeten Luft entstehen zu lassen!

Von dem Augenblick an, als *ich in meinem Herzen verstand*, dass ich in Wirklichkeit *die* göttliche Präsenz atmete, veränderte sich alles auf meinem Betonbalkon ...

Es war, als hätte ich plötzlich eine Art Schalter irgendwo in meinem Wesen gedrückt. Das Metallgeländer, an dem ich lehnte, war mir nicht mehr fremd, auch nicht mehr der Betonblock, auf dem es angebracht war und der das Gewicht meines Körpers trug.

Auf der gegenüberliegenden Straßenseite stand eine Ampel, die, wie es sich gehört, den Verkehr regelte. Auch all das begann ohne Vorwarnung zu mir zu gehören und meine Verlängerung zu sein.

Die herrliche Luft, die mich plötzlich durchdrang, einte uns, räumte jede Grenze und fast jedes Distanzgefühl einfach fort.

Ich nahm sie in mich auf wie das Fruchtwasser unserer Welt. Alles, was existierte, badete darin und wurde so zu den Kindern – oder den mehr oder weniger erwachten Bestandteilen – ein und derselben Matrix.

Ich weiß noch, wie ich dachte: »Das ist also das Gefühl des Einsseins!«

Im selben Augenblick verlor ich meinen lichtvollen Kontakt mit der Luft, die ich in meinem Bewusstsein herbeigerufen und getrunken hatte. Ihr »Zauber« war zwar nur von kurzer Dauer, aber überaus lehrreich gewesen!

Ich erinnere mich noch daran, wie ich an meinen Schreibtisch zurückkehrte, mir ein goldenes Heftchen nahm und sofort aufschrieb, was mir in den Sinn kam. 32 Jahre später trage ich dieses Heftchen immer noch bei mir, und es enthält folgende Worte:

> *»Das Geheimnis des Göttlichen ist, dass Es inkognito in allem atmet, das ist. Es ist ein Matrix-Wasser, das einfach darauf wartet, dass wir Es als solches erkennen, um sich in uns auszudrücken und uns so uns selbst zurückzugeben.«*

Und auch 32 Bücher später fassen diese eilig niedergeschriebenen Sätze sicherlich auf ihre Weise viele Jahre des Schreibens zusammen.

Die Entscheidung zur Hingabe

Seit jenem Tag habe ich verstanden, dass die *Hingabe* einer der wichtigsten Auslöser für uns ist, um entscheidende Schritte hin zur Befriedung zu gehen.

Damit es aber nun auf keinen Fall zu Missverständnissen kommt: Die *Hingabe*, die ich hier meine, ist kein »Geschehenlassen« oder »Laufenlassen«. Im Gegenteil ist sie von dem Willen getragen, uns zu etwas zu verpflichten. Sie hat nichts mit einem spirituellen Spaziergang zu tun. Sie läuft sogar dem Verhalten zuwider, das unsere Gesellschaft von uns fordert, denn es geht dabei um »Nichtkontrolle«.

Ob wir uns dessen bewusst sind oder nicht – unsere westliche Welt erzieht uns dazu, immer über alles die Kontrolle zu haben. Mit dem ständigen Zugriff auf Milliarden von

Daten setzt unsere Technologie uns permanent unter Druck, während unsere Bildung - die uns beibringt, das Leben als Kampf zu sehen - als Schirmherr über allem steht. Daher diese ständige Anspannung, die uns unaufhörlich begleitet und uns unfähig macht, unsere tiefe Mitte zu finden, wo das Wasser unendlich ruhig ist.

Um diese *Hingabe* - also wirkliche Entspannung - einzuleiten und uns dem Konzept des Einsseins zu nähern, lade ich Sie jetzt nicht zu einer Übung im klassischen Sinne, sondern zur Entwicklung einer Einstellung ein, die ich »mentale Entwaffnung« nenne. Dabei ist nichts - wirklich nichts - zu kontrollieren und alles zu empfinden. Es ist eine Übung, in der wir die Schönheit der Noten interpretieren, bevor wir uns mit der Tadellosigkeit der technischen Beherrschung des Instrumentes beschäftigen.

Hier ist sie in all ihrer entwaffnenden Einfachheit.

2. Übung
Francescos Schale

1) Sitzen Sie bequem und ungestört mit geradem Rücken und schließen Sie die Augen.
2) Fixieren Sie innerlich Ihr Stirn-Chakra, indem Sie hinter geschlossenen Augen ein wenig schielen. Es kann sein, dass Sie dabei innerlich einen Punkt oder einen blauen Lichtschimmer wahrnehmen. Achten Sie nicht besonders darauf. Falls er erscheint, beobachten Sie ihn einfach nur.

3) Lassen Sie jetzt in die Mitte Ihres Kopfes das Bild oder Gefühl konzentrischer Kreise entstehen, die ein Kieselstein erzeugt, wenn er ins Wasser geworfen wird. Falls es Ihnen nicht gelingt, ist das nicht wichtig. Wichtig ist nur die Geisteshaltung, die Sie gleich beim Einatmen entwickeln ...

4) Beginnen Sie nun, sehr langsam einzuatmen. In jeder Sekunde, die vergeht, während Ihre Lunge sich füllt, fühlen Sie sich wie eine Schale, die sich langsam mit dem klarsten Wasser füllt, das es gibt ... einem Wasser so klar wie die Liebe in ihrem reinen Zustand.
Das ist Ihr Moment, um sich fallen zu lassen, sich dem inneren Aussprechen eines kleinen Satzes hinzugeben, der in Ihnen allein entsteht und mit dem Sie dem Göttlichen dafür danken, auf diese Weise Ihren Körper zu durchdringen.
Franz von Assisi, der diese Übung täglich zu praktizieren pflegte, sagte demütig: »Ich danke dir, Bruder Sonne, dass du dich mit meinem Fleisch mischst ...«
Idealerweise wiederholen Sie Ihren kleinen Satz sanft und liebevoll, bis Ihre Lunge voll ist.

5) Nun ist die Zeit zum Ausatmen gekommen. Während Sie sehr sanft die Luft in Ihrer Lunge aus Ihren Nasenlöchern entweichen lassen, fühlen Sie, wie diese Luft mit Goldpartikeln angereichert ist. Die göttliche Strömung schenkt sie Ihnen, und Sie geben sie weiter an alles, das ist. Auch hier ist die Qualität der Liebe, die Sie aus sich strömen lassen, das Wichtige, und nicht so sehr das »goldene Erscheinungsbild« dieser Liebe.

6) Wiederholen Sie diese Bewegung des Ein- und Ausatmens so oft, wie Sie sich damit wohlfühlen, ganz entspannt und in wahrer Verbundenheit mit Allem.

Das Prinzip dieser Übung ist einfach: Die göttliche Präsenz bewusst atmen wie einen Duft, Sie sich zu eigen machen, Ihr danken und Sie schließlich liebevoll und unbegrenzt weitergeben.

Herbeirufen, empfangen, Zwiesprache halten und aussäen ... In diesen wenigen Prinzipien liegt die feine Mechanik, die zu Freude und Gelassenheit führt.

Sobald wir das verstanden haben, wenn wir zur Kraft und zur Möglichkeit gefunden haben, davon zu kosten, offenbart sich uns ein unerschöpfliches Potenzial der Liebe.

Dann beginnt die Anatomie unserer Seele sich zu verändern und beschleunigt den Tanz unserer Atome ...

2. Kapitel

EINE ERKUNDUNG DES EGOS

Das Gefängnis und seine Gitterstäbe

Früher hatte ich mal ein riesengroßes Ego, aber heute kann ich Aufgaben delegieren. Da habe ich wirklich große Fortschritte gemacht!«

Der Mann, der das gerade feierlich verkündet hatte, war ein weltweit bekannter Autor im Bereich der sogenannten »persönlichen Entwicklung«. Einige Schritte von mir entfernt stand er resolut da und erbaute sich ganz offensichtlich an den Worten, die er gerade an das ihm zugetane Publikum gerichtet hatte.

»Es ist wirklich so, ich hatte ein riesengroßes Ego, ich gebe es zu. Aber ich weiß jetzt, wie sehr ich mich doch weiterentwickelt habe«, wiederholte er mit unverhohlenem Stolz und vorgestrecktem Kinn.

Ich kann mich noch besonders an seinen funkelnden Blick erinnern. Er entging mir nicht, denn solchen Blicken bin ich immer wieder begegnet. Es war der Blick des Egos, das zu einem seiner Lieblingstricks griff und sich in den Schleier der Demut hüllte.

Wenn ich hier diese zugleich komische und etwas traurige Szene schildere, dann deshalb, weil sie meiner Meinung nach bezeichnend für sehr viele Probleme ist, die uns in dieser Welt heimsuchen.

Sie veranschaulicht auf eine fast karikaturale Weise das Rollenspiel, in das wir alle mehr oder weniger seit Menschengedenken verstrickt sind.

Kurz gesagt erinnert sie uns daran, dass wir unser Leben damit verbringen, Persönlichkeiten zu spielen, statt zu versuchen, einfach wir selbst zu sein und so zum Wesentlichen dessen zu kommen, warum wir eigentlich hier sind.

Ich habe es immer wieder festgestellt: Menschen, die sich selbst treu sind, sind selten!

»Und was bedeutet das, sich selbst treu zu sein?«, werden Sie mich fragen. Es bedeutet, nicht den besseren Teil unseres Selbst zu vergessen, für den wir auf die Welt gekommen sind; es bedeutet, nicht das Heilige unserer kleinen inneren Flamme zu verraten, die nicht aufhört, auf unsere Aufmerksamkeit zu hoffen.

Wir kennen diese Kraft sehr gut, die bewirkt, dass wir vergessen, den Blick abwenden oder das Essenzielle verraten ... Es ist die Kraft, die uns auf tausend verschiedene Arten von morgens bis abends immer wieder »Ich« sagen lässt. Wir nennen sie das Ego.

Wir verurteilen es ständig als großen Unruhestifter unseres Lebens, sind aber gleichzeitig unfähig, nicht auf es zu hören.

Es ist schon seltsam mit diesem »Ich«, das unser Ego uns immer wieder aussprechen lässt, denn wir haben durchaus das Gefühl, dass es uns zu uns selbst zurückführt, also eine Zentripetalkraft ist - aber in Wirklichkeit entfernt es uns eher von uns selbst wie eine Zentrifugalkraft.

Weder zieht unser Ego den Kosmos in unser Wesen noch offenbart es ihn, sondern es entfernt unser Wesen radikal von ihm. Aus der Zentralsonne unserer Galaxie macht es eine Art toten Stern oder zumindest einen Stern »zweiter Klasse«.

Erstaunlich ist auch: Je mehr es uns einlädt, uns mit uns selbst vollzustopfen, desto mehr leert es uns von uns selbst beziehungsweise zerstreut es unser Wesen in alle Richtungen.

All das wissen wir, und wir leiden darunter. Sind wir also Masochisten, weil wir ihm wie in einem Kult konsequent immer weiter huldigen? Sicher ist, dass wir Experimentierer sind, freie Zellen, die alle Horizonte des Möglichen erkunden, bis sie genug davon haben, sich weiter zu zerstreuen.

»Das Göttliche ist nur deshalb zum Meister seiner Göttlichkeit geworden, weil Es sich der Erfahrung des Vergessens und Zersplitterns hingegeben hat.«

Eines Morgens bin ich mit diesem Satz aufgewacht, der mir durch den Kopf geisterte. Er fasst unser kollektives Abenteuer zusammen und ruft zu dem Erwachen auf, das diese Seiten begründet.

Unter anderem bedeutet er, dass die göttliche Intelligenz dadurch, dass sie sich in ihrer Schöpfung »verliert« und sich in sie »eingießt«, eindeutig und unweigerlich der Ursprung des Egos ist.[5]

Wenn wir diese Überlegungen etwas weiterführen, bedeutet das, dass unser Ego ein Teil unseres Evolutionsplans ist und die damit einhergehende Getrenntheit und Dualität eine Notwendigkeit göttlicher Ordnung ist, und sei es auch nur für eine gewisse Zeit, die es braucht, um zu lernen.

»Wer niemals notleidend war, kann das Glück des Überflusses nicht kennen.«

So könnte eines der großen Gesetze der Entwicklung des Lebens lauten. Es betrifft direkt diese Art Exil oder Entfernung von unserer Mitte, die wir alle durch die Irrungen und Wirrungen unseres »Ichs« erleben.

Aber bevor wir weitergehen, möchte ich Sie dazu einladen, uns den berüchtigten Begriff des Egos, über den so vieles gesagt wird, noch einmal etwas genauer anzuschauen.

Von der Seele zum Ego

Manchmal werde ich gefragt: »Ist das Ego die Seele?« Nein, es ist ganz klar nicht die Seele.

Das Ego ist eine Kraft, die im Herzen der Seele wohnt, daraus entspringt und in einem bestimmten Moment seines Reifeprozesses aufsteht und das Gefühl der Individualität

5 *Siehe »Mysterium Gott: Eine kollektive Biografie« desselben Autors.*

entdeckt, also sein Potenzial zur Freiheit, Bestätigung und damit Wahlmöglichkeit.

Wir müssen verstehen, dass die Seele keine monolithische, statische Wirklichkeit ist. Sie besteht aus mehreren »Schichten«. Jede davon wird durch eine Form der Empfindsamkeit, Intelligenz oder, wenn man so will, der Bewusstseinsstufe bestimmt.

Allgemein könnte man also sagen, dass die menschliche Seele aus drei großen »Schichten« besteht.

a) Die erste ist emotionaler Natur. Sie ist wiederum in zahlreiche kleine Ebenen unterteilt. Jede davon trägt die »Schwingung« eines Gefühls. In diesem Sinne gleicht sie einer der vielen Saiten eines Musikinstrumentes.
   Eine davon spielt zum Beispiel die Note der Eifersucht, die andere die Note des Zorns, wieder eine andere die Note des Mitgefühls oder der Angst. Tatsächlich gibt es so viele, wie unsere Vorstellungskraft es sich ausmalen kann.
   Diese erste große »Schicht« der Seele ist extrem wichtig, trotz allem, was darüber gesagt wird, denn sie ist der Nährboden, auf dem eine Persönlichkeit entsteht und wächst.
   Sie ist die Grundlage für den Ausdruck des Wesens auf seiner Suche und in seinem angeborenen Bedürfnis nach Weiterentwicklung. Die Gefühle und Kunstformen, die daraus entspringen, haben darin ihre natürlichen Wurzeln.

In unterschiedlichem Maße entwickelt auch die Tierwelt bestimmte Ebenen dieser »Schicht«, die Bestandteil der Seele ist. Ist ein Tier etwa nicht fähig zu Angst, Liebe, Freude oder Eifersucht?
Es ist leicht nachvollziehbar, dass die globale Bewusstseinsstufe der Gefühlswelt auf ganz grundlegenden Ebenen fußt. Sie stellen eine Art primären Oberton dar.
Fest steht, dass einige von uns ausschließlich von dieser Stufe regiert werden. Man muss nur die Augen öffnen ...

b) Die zweite Schicht der menschlichen Seele ist mentaler Natur. Dort bilden und entwickeln sich die Gedanken. Was wir als Intellekt bezeichnen, entwickelt sich dort schrittweise im Laufe der Inkarnationen.
Es handelt sich um eine Schwingungswelt, die wie schon die vorherige aus einer bestimmten Zahl von Ebenen besteht, die jede eine Art von Intelligenz zum Ausdruck bringen. Dabei handelt es sich um »Spezialisierungs« bereiche des Verstehens und Denkens und natürlich auch Weiterentwicklungsräume der Persönlichkeit und Individualität. Und schließlich ist es auch die große Sphäre der Freiheitserfahrung schlechthin.
So wie die Gefühlswelt ihre grundlegenden und weiterentwickelten Stufen hat, so können sich auch die der mentalen Welt auf einem primären oder sekundären, also höheren Grad zum Ausdruck bringen.
Keiner von beiden hat etwas mit dem Unterweisungsrad oder der Kultur einer Person zu tun. Sie bringen die tiefe Reifungsstufe der Seele zum Ausdruck, jenseits

der Umstände, in denen sich das Wesen während einer Existenz befindet.

So kann etwa beim Auralesen eine »alte Seele« aufgespürt werden, die durch ihren höheren Verstand funktioniert, während ihr »grundlegender« Intellekt kaum mit Informationen gefüttert wird und damit kulturell arm ist.

c) Bei der dritten Schicht der menschlichen Seele handelt es sich um etwas völlig anderes. Sie enthält ihre gesamte Geschichte. Sie ist ihre lückenlose Aufzeichnung, ihre »komplette Datenbank«, ihr absolutes Gedächtnis durch alle Zeiten hindurch.

Traditionell heißt es, dass sie *kausaler* Natur ist. Darunter ist zu verstehen, dass sie alle Bestandteile dessen enthält, was wir seit Menschengedenken sind. Sie ist unsere Erinnerungsbibliothek mit den Milliarden Erfahrungen, die sich im Laufe unserer Existenzen angesammelt haben. Die Gründe und Motive dessen, wer wir sind, was wir leben oder leben lassen, finden dort ihren Ursprung und ihren tiefen Sinn.

Diese »Dimension« unserer Seele besitzt ebenfalls eine Schwingungsnatur. In ihr zirkulieren in Hülle und Fülle Akasha-Teilchen[6], die unzählige Erinnerungsschubladen bilden. Es sind unzählige »Akten«, die alles über uns enthalten und das Warum von allem beherbergen, was wir erleben und weitergeben. Haben wir uns jetzt vielleicht vom Ego entfernt?

---

[6] *Siehe »Das große Buch der Akasha-Chronik« desselben Autors, S. 57.*

Ganz und gar nicht, denn das Ego lässt sich als Resultat dieser drei Ausdrucks- oder Offenbarungsstufen des Wesens verstehen.
Es ist die mehr oder weniger harmonische, anarchische, erhebende oder beschwerende Manifestation der menschlichen Seele in ihrer Gesamtheit.

Das Ego ist, was gerne auch als Seelen-Persönlichkeit bezeichnet wird, da es die Maske ist, hinter der unsere Seele sich in der Welt zeigt. Diese Maske präsentiert unseren Charakter und unsere Fähigkeiten, also unsere Persönlichkeit und unser Potenzial. Sie sorgt dafür, dass wir alle einzigartig sind und die Möglichkeit haben, uns abzugrenzen, indem wir uns aus einer Gruppe lösen. Sie gewährt uns individuelle Erfahrungen. Sie ist der Erforscher des Lebens in uns.

Je mehr wir es uns ansehen, desto mehr fällt auf, dass es sich genau am Kreuzungspunkt aller Entwicklungswege befindet. Es ist zugleich unsere befreiende Tür hin zum Göttlichen in uns und die Verriegelung dieser Tür. Daher ist es nicht verwunderlich, dass es Gegenstand vieler Diskussionen ist.

Bevor es zum Raum für einen Dampf wird, der aufsteigt, ist es die Stätte eines Kampfes zwischen dem Wasser und dem Feuer unserer Seele.

Raum für Dampf schaffen: Die aufsteigende Materie

Im Grunde geht es darum, uns - tief in unserem Inneren und ohne uns selbst zu belügen - zu fragen, ob wir genug von diesem Kampf haben und imstande sind, genügend Bewusstseinsbereiche in uns zu mobilisieren, um weiterzugehen und dafür zu sorgen, dass unser Ego seinen göttlichen Dampf ausschwitzt.

Eigentlich ist das gar keine Frage der Absicht, denn jeder vernünftige Mensch möchte ja weiter vorankommen. Es ist eher eine Frage des Potenzials. Haben wir dieses Potenzial? Das entscheiden wir selbst!

Wenn wir allerdings darauf warten wie auf eine Gnade, die uns erst gewährt werden muss, dann sind wir auf dem Holzweg. Eine Kraft muss erst entwickelt werden, bevor sie sich zeigen kann.

Genauso, wie wir die Muskeln unseres Körpers arbeiten lassen können, haben wir auch die Fähigkeit, unsere »Seelen-Persönlichkeit« zu pflügen und zu besäen, um das Beste, also ihre aufsteigende, lichtvolle Materie, aus ihr herauszuholen.

Das Streben nach Klarsicht

Somit müssen wir eine entscheidende Kraft in uns beleben: das Streben nach Klarsicht.

Auf dieser Ebene sprechen wir noch nicht vom Willen, sondern von einer tiefen Bestrebung. Diese Bestrebung will innere Klarsicht herbeiführen, um den Gegner aufzuspüren, der sich geschickt unter der Maske unserer Persönlichkeit verbirgt.

Muss man noch extra auf die Gerissenheit dieses Gegners hinweisen? Er hat nicht nur eines, sondern viele Gesichter, die ineinandergreifen wie Babuschkapuppen.

Verständlicherweise ist also das Streben nach Klarsicht die allererste Eigenschaft, die wir in uns entwickeln müssen. Wir müssen die Kraft haben zu sagen: »Ich belüge mich nicht mehr selbst, ich will sehen, wie ich funktioniere, denn mein Ziel ist es, zu einem besseren Menschen zu werden.«

Es nützt erst einmal nichts, die Messlatte höher zu legen. Sie ist schon ziemlich hoch, denn es ist gar nicht so einfach, mit dem Finger auf unsere Schwächen und insgeheimen Mechanismen zu zeigen. Und seltsamerweise fällt es uns auch nicht immer leicht, uns unserer wahren Stärken und Qualitäten bewusst zu sein.

Um in diese Richtung hin zur inneren Klarsicht weiterzugehen, möchte ich Ihnen hier eine Art Spiel vorstellen, das in den altägyptischen Ärzteschulen in der Epoche Pharao Echnatons gespielt wurde. Es hieß das »Spiel der Transparenz«.

Manch einer mag es etwas unbequem finden, aber sein Anspruch rechtfertigt sich dadurch, dass es die einzelnen Facetten unseres Egos durcharbeitet, mit dem Ziel, uns zum Wesentlichen unseres Selbst zurückzuführen, über alle unsere Widersprüche hinaus, und so unser Potenzial freizusetzen, weiter an Höhe zu gewinnen.

3. Übung
Das Spiel der Transparenz

In der Antike bedeutete die Ausbildung in den Heilkünsten zunächst einmal, dass man die subtilen Mechanismen kennen musste, die die menschliche Wirklichkeit aus Körper, Geist und Seele ausmachen. Diese Ausbildung war untrennbar mit der Ausbildung in Weisheit verbunden. Wer diesen Weg einschlug, musste also akzeptieren, mit sich selbst konfrontiert zu werden, um zu einem besseren Boten des göttlichen Lichtes zu werden.

Auch wenn wir uns nicht unbedingt für das Erlernen der Heilkünste interessieren, scheint mir, dass wir heute noch immer auf der Suche nach demselben befreienden Prinzip sind.

Hier nun also eine zeitgemäße Anleitung für das Spiel der Transparenz.

Dafür müssen Sie allein an einem ruhigen Ort sein und über etwas Zeit verfügen. Wie bereits gesagt, müssen Sie außerdem die Absicht haben, wahrhaftig gegenüber sich selbst zu sein und nicht zu schummeln.

Legen Sie sich zwei Blatt Papier und einen Stift zurecht.

1) Auf das erste Blatt haben Sie schon vorher eine Liste mit menschlichen Fehlern oder Schwächen geschrieben. Auf das andere haben Sie ebenfalls eine Liste geschrieben, diesmal aber mit menschlichen Qualitäten.

   Hier ein Beispiel für die beiden Listen, mit dem Hinweis, dass keine erschöpfend ist und die Reihenfolge der Schwächen und Qualitäten zufällig ist. Sie können sie also nach Wunsch auch anders anordnen und weitere hinzufügen.

Fehler und Schwächen	Qualitäten und Potenziale
- Eifersucht	- Fröhlichkeit
- Neid	- Optimismus
- Prahlerei	- Humor
- Hochmut	- Begeisterung
- Anmaßung	- Entschlossenheit
- Egoismus	- Willensstärke
- Egozentrismus	- Ausdauer
- Kritiksucht	- Kraft
- Machthunger	- Anpassungsfähigkeit
- Besitzgier	- Toleranz
- Territorialität	- Vergebungsbereitschaft
- Kontrollsucht	- Aufgeschlossenheit
- Manipulationsbedürfnis	- Empfindsamkeit
- Bedürfnis zu bespitzeln	- Freundlichkeit
- Reizbarkeit	- Sanftmut
- Anfälligkeit	- Zuwendung
- Pessimismus	- Beobachtungsgabe
- Ungeduld	- Scharfsinn
- Instabilität	- Intuition
- Unberechenbarkeit	- Charisma
- Geiz	- Herzenswärme
- Gier	- Mitgefühl
- Habsucht	- Mut
- Voyeurismus	- Kampfgeist
- Bedürfnis zu verführen	- Belastbarkeit

- Sexsucht	- Selbstlosigkeit
- Beeinflussbarkeit	- Beständigkeit
- mangelnder Wille	- Treue
- Faulheit	- Mäßigung
- Naivität	- Gelassenheit
- mangelnde Urteilsfähigkeit	- Bescheidenheit
- übermäßige Schüchternheit	- Selbsthingabe
- Zurückgezogenheit	- Vertrauen
- Unsicherheit	- Respekt
- mangelnder Selbstwert	- Offenherzigkeit
- Feigheit	- Augenmaß
- Aggressivität	- Pflichtgefühl
- Grausamkeit	- Sinn für Schönheit
- Gewalttätigkeit	- Diskretion
- Brutalität	- Fähigkeit zum Zuhören
- Heuchelei	- Sprachgefühl
- Verlogenheit	- Gerechtigkeitssinn
- Lügen	- Würde
- Diebstahl	- Weisheit
- Respektlosigkeit	- Selbstbeherrschung
- Unverschämtheit	- Geduld
- Intoleranz	- Losgelöstheit
- Groll	- Großzügigkeit

Die Übung besteht darin, die erste Liste in Ruhe durchzugehen und jeden Begriff anzukreuzen, von dem Sie aufrichtig denken, dass er sich auf einen Ihrer Fehler oder eine Ihrer Schwächen bezieht.

Falls Ihre Liste mehr als fünf Begriffe aufweist, sehen Sie sie sich genauer an und versuchen Sie, sie zu kürzen, denn manche menschlichen Schwächen, die unterschiedliche Bezeichnungen haben, haben letztendlich denselben Ursprung. So kann zum Beispiel hinter Zurückgezogenheit, Unsicherheit und übermäßiger Schüchternheit ganz einfach mangelnder Selbstwert stehen – oder im Gegenteil uneingestandener Hochmut, der gut hinter einer Maske verborgen ist.

Das Ziel ist es, Ihre Liste zu vereinfachen und sich darüber klar zu werden, was Sie bei sich als unvollkommen ansehen. Sich kurz zu fassen, hilft immer, um sich einen Überblick zu verschaffen.

Nun kommt die zweite Liste mit den Qualitäten und Potenzialen an die Reihe. Gehen Sie sie genauso bewusst durch wie die erste. Kreuzen Sie die Begriffe an, die Ihrer Meinung nach auf Sie zutreffen, und kürzen Sie nötigenfalls die Liste nach demselben Prinzip, um auf fünf Begriffe zu kommen.

2) Nehmen Sie dann beide vereinfachte Listen, schreiben Sie sie eventuell gegenübergestellt noch einmal neu auf eine Seite und sinnen Sie in Ruhe über den Inhalt nach. Die Absicht hierbei ist nicht, sich selbst zu beschuldigen oder für irgendetwas zu bewundern.

Nicht den Blick des Richters oder die Augen Ihres Egos sollen Sie dabei gewähren lassen, sondern das Auge Ihrer Seele in ihrer höheren »Schicht«.

Dieses Auge hat die Fähigkeit, nicht nur »schwarz-weiß« zu sehen, also negativ und positiv, denn Es ist zugleich außerhalb und innerhalb von Ihnen. Es spiegelt die Wahrnehmung des Göttlichen wider.

3) Dies ist der ideale Moment, um sich an die Präsenz Dessen zu wenden, Das in Ihrem Herzen wohnt. Zögern Sie nicht, Es um den Abstand zu bitten, den Sie zur Selbsterkenntnis brauchen. Vertrauen Sie sich Ihm und der inneren Reinheit an, die Ihnen die Kraft zu dieser Übung geschenkt hat. Lassen Sie sich Zeit dafür ...

4) In der nächsten Phase der Übung geht es darum, Verbindungen zwischen beiden Spalten herzustellen, also Ihre Stärken und Schwächen in Bezug zueinander zu setzen. Versuchen Sie dabei zu sehen, welche Ihrer Stärken dazu beitragen kann, eine Ihrer Schwächen einzudämmen oder zu vermindern.

Mit etwas Übung werden Sie feststellen, dass es immer einen Weg gibt, wie wir eine Qualität - wir alle haben welche! - nutzen können, um die Oberhand über eine oder mehrere Schwächen zu gewinnen.

Um diese Inbezugsetzung der Begriffe auf den beiden Listen sichtbar zu machen, aber sie sich auch geistig einzuprägen, ziehen Sie mit dem Stift Linien oder Pfeile zwischen den Begriffen.

Hier ein Beispiel:

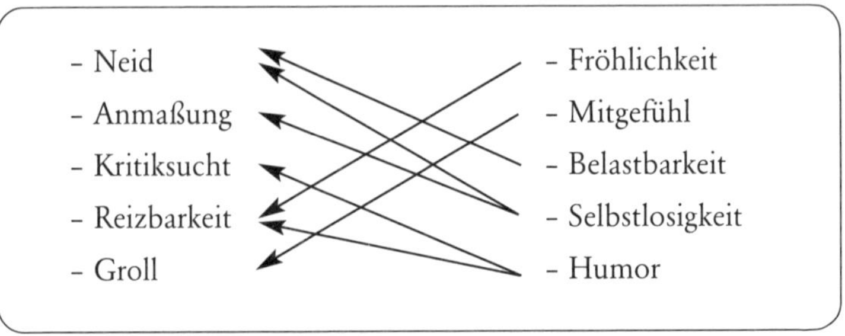

Um die Funktionsweise dieses Schemas und seine Lektionen zu verstehen, müssen wir ausgehend von den »Heilmitteln« in der rechten Spalte überlegen, wie sie auf die »Krankheiten« in der linken Spalte bezogen werden können.

Um eine Neuordnung oder »Heilung« zu bewirken, ist es nicht konstruktiv, eine Schwäche oder Unvollkommenheit mit einem Frontalangriff zu bekämpfen, sie also als inneren Feind zu benennen, der geschlagen werden muss. Die niederen Ausdrucksformen des Egos sind so komplex, dass es garantiert eine raffinierte Methode finden würde, um sich dagegen aufzulehnen.

Hier also ein Vorschlag, wie wir uns die einzelnen Punkte im Beispiel oben zunutze machen können ...

Die Taktik besteht darin, eine Qualität zu fördern, indem wir sie im Verhältnis zu einem Fehler weiterentwickeln.

Das Prinzip der Herausforderung

Neid

Beginnen wir mit dem Neid, einem Gefühl, das uns innerlich sagen lässt: »Warum habe ich dies oder das nicht, obwohl ich eigentlich ein Anrecht darauf habe?«

Das Ungerechtigkeitsgefühl schmerzt uns, weil wir glauben, Mangel an etwas zu leiden. Wir haben ein »Vakuum« in uns.

Wie können wir da Abhilfe schaffen? Indem wir uns einer Qualität zuwenden, die dieses Gefühl in uns erst stört, dann hemmt und schließlich neutralisiert.

In unserem Beispiel kann das Gegenmittel gegen das Gift des Neids von Natur aus die Selbstlosigkeit sein. Selbstlosigkeit ist eine Form von Großzügigkeit, die uns das Wohl anderer vor unser eigenes stellen lässt. Wir können sie also nutzen, um unseren Reflex, andere krankhaft zu beneiden, abzuschwächen.

Da wir noch gerissener sein müssen als unser Ego mit seinen primären Verhaltensweisen, besteht der Trick darin, uns selbst konkret im Alltag herauszufordern.

Da Selbstlosigkeit auf Großzügigkeit verweist, wenden wir sie also bei Menschen an, auf die wir neidisch sind, mit kleinen Taten, zu denen wir eigentlich keine Lust haben.

Die Mühe, die uns das abverlangt, wird einem Gefühl von Zufriedenheit weichen, weil wir das Hindernis überwunden haben.

In Wirklichkeit beginnen wir, einen regelrechten energetischen Akku zu speisen, wenn wir eines unserer Potenziale in die Tat umsetzen.

Groll

Dasselbe können wir auch mit dem Gefühl des Grolls tun, der genauso zersetzend ist wie Neid. Warum hier nicht unser Potenzial zum Mitgefühl nutzen, um unseren Groll allmählich abzumildern?

Auch hier kann sich die Methode, uns selbst herauszufordern, als wirkungsvoll erweisen. Warum nicht jemandem, der uns verletzt hat, die Hand ausstrecken, indem wir einen oder mehrere kleine Anlässe schaffen, die für ihn ein Zeichen für Versöhnungsbereitschaft sind?

Wenn Mitgefühl zu unseren Qualitäten gehört, sollten wir verstehen können, dass der andere vielleicht gar nicht so böswillig war, wie wir dachten, und wie jeder andere auf dieser Welt ein Recht darauf hat, Fehler zu machen.

Mitgefühl ist der größte Heiler. Es eröffnet uns einen Weg, um das Leid anderer bis in seine Widersinnigkeiten hinein zu verstehen.

Kritiksucht

Kommen wir zur Kritiksucht. Liegt es nicht auf der Hand, dass wir sie mit Humor abschwächen können, wenn wir öfter mal daran denken, ihn einzusetzen?

Auch hier braucht es dazu eine Herausforderung im Alltag. Dazu entscheiden wir uns, uns anzugewöhnen, nach der lustigen – und warum nicht auch karikaturalen – Seite von etwas zu suchen, das uns missfällt.

Sagen wir etwas wie: »Wenn ich Karikaturist wäre, wie würde ich diese Situation zeichnen?«

Wenn wir diese Gewohnheit pflegen, kann das schnell erstaunliche positive Folgen haben.

Fazit

Machen Sie sich bewusst, dass jede Herausforderung, die Sie sich selbst stellen, wie eine Begegnung mit dem Besten

Ihrer Seele ist. Sie soll bewirken, dass Sie in Ihre wahre Mitte finden, statt sich in unnützen Kämpfen zu verzetteln und zu erschöpfen.

Wichtig ist, dass jede dieser Herausforderungen so konkret wie möglich ist. Nicht so sehr ihre Zahl ist wichtig, sondern die Regelmäßigkeit und das Bewusstsein dabei. Sehen Sie ein Spiel darin, und Sie gehen gestärkt daraus hervor, weil Sie dem nähergekommen sind, das Sie wirklich beseelt: dem Bedürfnis nach Frieden und der Sehnsucht nach Harmonie.

Wenn Sie sich mit Ihren beiden Listen befassen, stellen Sie vielleicht auch fest, dass einige Qualitäten im krassen Widerspruch zu einigen Unvollkommenheiten stehen. Das beweist, dass Konsistenz nicht unbedingt ein charakteristischer Wesenszug des Menschen ist und wir mitunter mit zahlreichen Widersprüchen leben.

Wenn wir noch einmal unser Beispiel betrachten: Wie können wir gleichzeitig - und ohne zu leiden - fröhlich und reizbar sein, mitfühlend und grollend? Der Wurzel dieser Art von Dualität, die bei sehr vielen von uns präsent ist, müssen wir geduldig lernen, die Kraft zu nehmen.

Wie wir sehen, hat das Spiel der Transparenz, wie es einst erdacht wurde, die Funktion, die Gitterstäbe unseres inneren Gefängnisses aufzuzeigen, hinter denen wir Das eingesperrt haben, was am lichtvollsten in uns ist ...

Es ist sicherlich kein Wundermittel gegen unsere Unzulänglichkeiten. Aber indem es uns dazu aufruft herauszufinden, welche Eisen wir uns selbst geschmiedet haben, gibt es uns die Schlüssel zu unserer Verwandlung an die Hand und einen Impuls, um sie in Gang zu setzen.

Was die kleinen Herausforderungen betrifft, die seine direkte Fortsetzung sind, so können sie in unserer heutigen Zeit Teil unseres inneren Gartens sein; damals allerdings mussten die Lehrpriester der Tempel der Heilkünste darüber in Kenntnis gesetzt werden. Es war also ein durchaus anspruchsvolles Spiel ...

Die innere Reinigung der Studenten der heiligen Kunst des Lebens wurde nicht auf die leichte Schulter genommen. Sich selbst finden und lieben zu wollen, bedeutete zunächst einmal zu akzeptieren, sich selbst in die Lage dazu zu versetzen.

Warum sollten wir auch heute nicht genauso handeln?

Eine aufschlussreiche Frage

Um nochmals auf das Alte Ägypten in der Zeit von Pharao Echnaton zurückzukommen, die auf unserem Gebiet sehr reich an Unterweisungen war, so habe ich noch einen wichtigen Punkt in Erinnerung.

Nach einem recht langen Studiengang kam es nicht selten vor, dass ein Student vom ersten aller seiner Lehrer vorgeladen und gefragt wurde: »Wie oft am Tag sagst du ich?«

Üblicherweise verschlug es dem Schüler bei dieser so unvorhersehbaren wie abrupten Frage erst einmal die Sprache, sodass er mitunter sogar gebeten wurde, an Ort und Stelle über die Antwort und ihre natürlichen Folgen nachzusinnen.

Ich erwähne das, weil es für mich auf der Hand liegt, dass diese Frage heute in unserer sehr individualistischen Welt mehr als jemals zuvor ihre Berechtigung hat und wir den Mut haben sollten, sie uns regelmäßig zu stellen.

Ja, wie oft am Tag sagen wir eigentlich *»ich«*?

Wir müssen verstehen, dass dieses *Ich* eine Form des Beharrens des niederen Egos darauf ist, beachtet zu werden, und deshalb besonders im gegenwärtigen Augenblick seinen Stempel hinterlässt.

Es ist offensichtlich, dass unser Wortschatz - und noch mehr die Worte, die spontan aus unserem Mund kommen - wunderbar vermittelt, welches Anliegen wir haben. Er sagt genau, wo wir stehen.

In diesem Sinne lade ich also jeden dazu ein, frei sein eigenes Bewusstsein zu prüfen und zu beobachten, wie er die »Dinge« ausdrückt.

Die Häufigkeit des Wortes *Ich* in unseren täglichen Äußerungen gibt fraglos Aufschluss darüber, wie wir uns selbst in Szene setzen. Zwischen dem legitimen Bedürfnis, uns selbst zu behaupten, und dem Mechanismus, der uns dazu treibt, uns auf subtile Weise als Referenz aufzudrängen, gibt es einen enormen Unterschied.

Natürlich geht es nicht darum, uns das *Ich*-Sagen komplett zu verbieten, denn jeder weiß, dass es unschuldig aus uns hervorquellen kann, um unser inneres Wesen oder Denken zum Ausdruck zu bringen. Ich spreche hier von den wiederkehrenden, gewichtigen, beharrlichen *Ichs*, die sich mitunter in Gespräche drängen und beschwerend auf denjenigen wirken.

Unseren Wortschatz meistern zu lernen, indem wir uns bemühen, die Schwere bestimmter Wörter, Ausdrücke und Wiederholungen in uns zu fühlen, ist also von wesentlicher Bedeutung, um die Seelen-Persönlichkeit zu reinigen. Damit ergänzen wir unsere innere Arbeit zur Ermittlung unserer Schwächen, wie wir sie oben beschrieben haben. Das Wort formt das Leben ...

Ich betone noch einmal: Darauf zu achten, wie wir den Stempel unseres Egos in ein Gespräch einbringen, darf nicht dazu führen, dass wir uns für irgendetwas die Schuld geben. Wenn in der dunklen Erde eine Saat zu keimen beginnt, beschuldigt der Keim nicht die Schale, aus der er stammt, sein Wachstum verlangsamt zu haben. Die äußeren Schuppenschichten des Wesens und sein lichtvolles Prinzip sind eng miteinander verbunden. Sie bedingen einander.

Von der Konfrontation zur Überwindung

In diesem Sinne ist es wichtig, uns wirklich daran zu erinnern, dass die unangenehmsten Aspekte des Egos keine Feinde sind. Sie sind vor allem Hindernisse, die uns dazu anregen, uns selbst zu überwinden.

Im Gegensatz zur gängigen Auffassung ist es also unsinnig, auf dem Weg der Befreiung des Lichtes »unser Ego zu zerstören«.

Das Ego vernichten zu wollen, bedeutet, weiter in der Dualität zu versinken und in der Inkarnation gefangen zu bleiben. Es bedeutet, den Krieg in uns zu verfestigen, indem wir uns hinter lichtvollen Ausreden verschanzen.

Unsere Seelen-Persönlichkeit und die fleischlichen und knöchernen Masken, die sie sich ausborgt, sind natürlich von göttlicher Essenz.

Das Außergewöhnliche und Wunderbare am Göttlichen ist, dass Es den Ausdruck und die Erfahrung seines grundsätzlichen Gegenteils erlaubt: der verborgenen Schattenseite.

An dieser Stelle ist auch die berühmte Gottheit Quetzalcoatl zu erwähnen, die eng mit der uralten Tradition Mittelamerikas verbunden ist. Quetzalcoatl, dessen Name »Gefiederte Schlange« bedeutet, symbolisiert den inkarnierten, horizontalen Aspekt des Wesens und sein luftiges, also aufsteigendes Potenzial.

Auf dieser Ebene trägt seine versöhnende Rolle in unserer Welt der Dualität eine deutliche christliche Färbung.

Wenn man andererseits bedenkt, dass Quetzalcoatl mit dem Abend- und Morgenstern gleichgesetzt wurde (also der Mond-Sonne der Essener oder auch Ishtar, der Venus), kann das durchaus zum Nachdenken anregen. Dazu lade ich Sie gerne ein ...

Aus all dem folgt, dass unser Ego als schwerfällige Manifestation unserer Seele nicht wirklich ein Gefängnis und eine Bremse für uns ist. Man kann es nicht oft genug wiederholen: *Das Ego ist für uns zunächst einmal ein Instrument zur Weiterentwicklung.* Insofern hängt also alles davon ab, wie wir damit umgehen. Tatsächlich birgt das Ego in sich die Schlüssel zu seiner Überwindung und Sublimierung.

Wenn wir es aber unbedingt als Gefängnis sehen wollen, müssen wir uns darüber klar sein, dass seine Mauern, seine Gitterstäbe und sein Schloss zugleich die Schmiede und der Ausdruck seines Schlüssels zur Befreiung sind. *»Im Gegner liegt das Heil«*, könnte dann das Motto sein, denn es sorgt dafür, dass wir uns mit uns selbst konfrontieren, bis wir am Ende zu unserer Quintessenz finden.

Ohne Mut, Klarsicht und Entschlossenheit kann Liebe sich nicht wirklich offenbaren und auch nicht erreicht werden. Am Ende kommen wir immer wieder dorthin zurück ...

Mut, Klarsicht und Liebe – diese drei Säulen der Seele, die sich daran gemacht hat, sich selbst zu überwinden, indem sie die »Farben« ihres Egos meistert, standen im Mittelpunkt der ursprünglichen Unterweisungen Christi an seine nächsten Jünger. Sie sind mit keinen religiösen Ansätzen verbunden, sondern mit der einfachen Bewusstwerdung, dass alles aus unserem Inneren kommt.

Es nützt also nichts, irgendjemandem oder irgendetwas die Schuld an den Leiden unserer Seele zu geben, da wir seit Anbeginn der Zeiten selbst ihre Schöpfer, Säer und Verwalter sind.

4. Übung
Jeshuas »Warum-Übung«

Hier nun eine neue Übung, die sich für unseren Weg sehr gut eignet. Es handelt sich um eine der Übungen, die Jeshua denjenigen unter seinen Lieben auftrug, die seiner Ansicht nach bereit waren, ihr inneres Feld zu pflügen.

Damals führte man diese Übung unter seiner Anleitung mündlich unter vier Augen durch. Aber sie lässt sich auch an unsere heutigen Umstände anpassen, wenn wir uns an die schriftliche Version halten.

Sie gliedert sich um 17 Fragen herum, bei denen es wichtig ist, die Reihenfolge einzuhalten und sie so ehrlich wie möglich zu beantworten - ansonsten würde die beabsichtigte Innenschau ihren Sinn verlieren.

Die Fragen lauten wie folgt ...

Ich empfehle Ihnen, sie handschriftlich auf einem schönen Blatt Papier zu notieren und dazwischen gut Platz zu lassen, um sie korrekt beantworten zu können.

1) Warum glaubst du, auf die Erde gekommen zu sein?
2) Denkst du, dass du eine Lebensaufgabe zu erfüllen hast, und welche ist das?
3) Warum gerade diese Aufgabe beziehungsweise warum weißt du nicht, ob du eine hast?
4) Denkst du, dich auf deinem eigenen Weg zu befinden?
5) Warum denkst du das?
6) Was hast du getan, um dorthin zu gelangen, und bist du damit zufrieden? Oder im Gegenteil: Falls du

denkst, es nicht bis dorthin geschafft zu haben, was hast du deiner Meinung nach unterlassen?

7) Im einen wie im anderen Fall: Warum?

8) Was ist dir an dem Punkt, an dem du heute angelangt bist, in diesem Leben am wichtigsten?

9) Warum diese Antwort?

10) Hast du seit dem Beginn deines Weges deine Prioritäten geändert?

11) Warum?

12) Was hält dich eventuell noch in deiner Verwirklichung zurück? Mit anderen Worten: Was sind deine Ausreden oder Vorwände, um nicht zu verwirklichen, was in deinen Augen am meisten zählt?

13) Was ist deiner Ansicht nach die wahre Natur deiner Hindernisse?

14) Warum diese Hindernisse und nicht andere?

15) Warum kannst du sie eventuell nicht klar unterscheiden?

16) Ob du sie unterscheiden kannst oder nicht, was offenbart diese Wahrnehmung – oder Nichtwahrnehmung – in dir und von dir? Woran lädt sie dich ein zu arbeiten?

17) Welchen »Preis« würdest du akzeptieren zu »zahlen«, um deinen Lebenssinn tatsächlich zu verwirklichen oder – je nach Fall – um diesen Lebenssinn zumindest klar zu erkennen?

Wie man schnell feststellen kann, führt diese Übung denjenigen, der sie aufrichtig macht, rasch mitten in sein eigenes Herz.

Ich wiederhole noch einmal, dass es wichtig ist, sich die nötige Zeit zu nehmen, um jede Frage wahrhaftig zu beantworten. »Wahrhaftig« heißt nicht nur aufrichtig und spontan, sondern auch respektvoll.

Warum respektvoll? Weil diese Übung erdacht wurde, damit wir uns selbst noch etwas mehr hervorbringen können, das heißt, die Gitterstäbe des Gefängnisses des Göttlichen in uns weiter auseinanderbiegen zu können. Deshalb habe ich weiter oben vorgeschlagen, ein *schönes* Blatt Papier zur Hand zu nehmen. Das Schöne ist in seiner Essenz einend.

Die Ergebnisse dieser Übung und das, was sie unweigerlich in Ihnen bewirken wird, werden Ihnen zeigen, wie gut sie die vorherige Übung ergänzt, da sie genau auf unsere Seelen-Persönlichkeit abzielt und nachschaut, was *hinter ihren Masken* passiert.

Das Warum der Warums: Die Reifung der Antworten

a) Was werden Sie mit den Ergebnissen Ihrer Übung tun? Bewahren Sie die schriftlichen Aufzeichnungen auf und stecken Sie sie in einen Umschlag, den Sie versiegeln.

b) Lassen Sie mindestens sechs Monate vergehen und machen Sie dann dieselbe Übung noch einmal. Stecken

Sie Ihre Antworten genauso wieder in einen Umschlag und warten Sie weitere sechs Monate ab.

c) Wiederholen Sie denselben Prozess nun ein drittes Mal. Diesmal brauchen Sie Ihre neuen Antworten allerdings nicht wieder in einen Umschlag zu stecken, denn seit der ersten Liste mit den 17 Antworten ist etwa ein Jahr vergangen.

Jetzt ist die Zeit gekommen, um die beiden versiegelten Umschläge zu öffnen und den Inhalt mit dem zu vergleichen, was Sie gerade aufgeschrieben haben.

Es wäre sehr erstaunlich, wenn Sie keine Entwicklung feststellen, was die Tiefe und Klarheit Ihrer Antworten auf die 17 Fragen betrifft. Ihre neuesten Antworten im Vergleich zu den vorherigen sind wie ein Barometer dafür, welche Fortschritte Sie in Sachen Unterscheidungsvermögen und innerer Klarheit gemacht haben.

Was wird der Grund für Ihre Fortschritte sein? Mit Ihrem deutlich formulierten Wunsch nach Wahrheit haben Sie Ihre Seele angesprochen, also die lichtvolle Wirklichkeit angeregt, die sich hinter Ihrem Ego verbirgt.

Dadurch, dass Sie sich dreimal an sie gewandt haben, mit dem Willen, zu sich selbst zu finden, in Ihnen selbst zu erkennen, was der Wahrheit entspricht und was Lüge oder »Schauspielerei« ist, haben Sie sie in Bewegung versetzt. »Etwas« von ihr ist dann gewissermaßen sanft »hochgekocht«, bis der »Dampf« begonnen hat, Sie innerlich zu erhellen.

Natürlich macht diese Übung andere Methoden oder Praktiken wie das Gebet oder die Meditation nicht überflüssig.

Sie verschafft Ihnen aber einen zusätzlichen Vorteil: Ihre innere Lichtquelle wird sich durch sie nur noch besser ausdehnen und Ihnen gleichzeitig noch etwas mehr Kraft und Freude schenken.

»Etwas von uns« kennt unweigerlich die Richtung, die wir gekommen sind einzuschlagen und zu erlernen. Einer Luftblase gleich, die im Wasser gefangen ist, wartet dieses »Etwas« auf eine Bewegung, die Auswirkungen einer »Strömung«, um an die Oberfläche zu steigen. Eine Übung wie diese spielt genau diese dynamische Rolle.

Die Falle unserer Erinnerungen

Können wir den Ursprung dieser Bewegung oder »Strömung« ermitteln? Auf jeden Fall ...

Genau das ist der richtige Moment, um uns an die Existenz der dritten großen Ebene unserer Seele zu erinnern: ihre Erinnerungsschicht oder kausale Schicht.[7]

Erinnern wir uns daran, dass sie wie auch die Ebenen davor eine Art Schwingungsraum ist. In ihr sind unendlich viele Informationen gespeichert, die - um es praktisch zu formulieren - zugleich »von oben« und »von unten« kommen.

In ihrer Erinnerungsdimension befindet sich die menschliche Seele tatsächlich auf halbem Weg zwischen dem, was ich ihre »ursprüngliche Kodierung« nenne (oder, wenn man

[7] *Siehe S. 57*

so will, ihr erstes Gedächtnis), und den Erinnerungen, die sie in der Grobstofflichkeit ihrer Leben angesammelt hat.

Können wir auf ein »Großreinemachen« unseres Egos hoffen, wenn wir uns nun diesem dritten Bestandteil der Seele zuwenden?

Was die Haltung der spirituellen Meister betrifft, die mich im Laufe der Leben unterwiesen haben, und meinen eigenen Beobachtungen zufolge ist meine Antwort darauf eher durchwachsen.

Viele sind heute der Auffassung, dass wir unbedingt tief unter der Oberfläche unseres Wesens »wühlen« müssen, um alte Ereignisse wieder ans Licht zu bringen und unsere gegenwärtige Persönlichkeit auf diese Weise von ihren leidvollen oder gar blockierenden Aspekten zu befreien.

Um diese Reinigung zu bewerkstelligen, gibt es verschiedene Methoden. Dafür kommen das Auralesen auf der kausalen Ebene, »Rebirthing«, Sophrologie und einige andere mitunter sehr interessante Verfahren infrage, um tiefe Erinnerungen zu erforschen.

Ist davon eine bestimmte Methode vorzuziehen, wenn wir »spüren«, dass so etwas hilfreich sein könnte?

Meiner Meinung nach kann die Frage so nicht gestellt werden. Jede Technik hat ihre Vor- und Nachteile. Manche sind besser für die einen geeignet, manche besser für die anderen. Auch manche Therapeuten passen besser zu bestimmten Persönlichkeiten als zu anderen.

Entsprechend sollte die Frage deshalb eher lauten: »Wie, mit wem und warum?« oder genauer: »Warum, mit wem und wie?«, denn auf einem subtilen, sensiblen Gebiet wie diesem müssen die menschlichen Qualitäten des Zuhörens und des Respekts beim Therapeuten ganz klar Vorrang vor seinem »technischen Können« haben.

Zunächst einmal müssen wir wissen, dass es »induzierte Erinnerungen« gibt. Dabei handelt es sich um falsche Erinnerungen, die von unseriösen Therapeuten gekonnt suggeriert werden, während der »ungeduldige Patient« sich in einem veränderten Bewusstseinszustand befindet.

Zweitens sollten auch die »selbst induzierten Erinnerungen« nicht geleugnet werden, Pseudoerinnerungen, die jeder in besonderen Momenten seines Lebens mehr oder weniger bewusst erfinden kann, um Teile seines Verhaltens zu rechtfertigen.

Solche Phänomene kannte man schon in einigen anderen Epochen unserer Geschichte. Natürlich zeigten sie sich damals nicht in psychotherapeutischen Sitzungen, denn das ist ein neues Konzept, wohl aber in bestimmten Einweihungsritualen, die von Priestern geleitet wurden.

Ist es nötig, darauf hinzuweisen, dass es natürlich gute und weniger gute Priester gab ...? Die weniger guten erschufen lediglich Probleme, die vorher nicht existiert hatten, und machten die Situation der Schüler noch komplizierter, als sie ohnehin schon war.

Natürlich haben wir es auch hier wieder mit Ausdrucksformen des Egos zu tun ...

Hier ist es das Ego des Wahrheitssuchenden, aber auch desjenigen, der die Rolle des Initiators übernimmt.

Was das »Warum« dieses Suchens nach tiefen Erinnerungen betrifft, so verweist es uns letztendlich immer wieder auf uns selbst zurück ...

Was müssen wir daraus schließen? Wird die Erinnerungssuche größtenteils von den »egoistischsten« Aspekten der

Seelen-Persönlichkeit geführt, die die feinstofflichste Schicht ihres Wesens zwingen will, ihr eine Botschaft zu übermitteln?

Nicht unbedingt, denn wir müssen auch anerkennen, dass es Momente in der Geschichte jedes Wesens gibt, in denen seine Seele das natürliche Bedürfnis hat, sich von einer Last zu befreien.

Dann nutzt sie die inkarnierte Persönlichkeit, mit der sie sich verkleidet hat, um verschiedene Erinnerungen ans Tageslicht zu befördern, in dem Wissen, dass sie Schlüssel zur Befreiung sein werden.

Von Erinnerungen des Egos zum Gedächtnis der Seele

Daher ist es wichtig zu verstehen, dass bei einer Reinigung des Egos sehr umsichtig mit dem »Erinnerungsbereich« umgegangen werden muss. Vor allem müssen wir verinnerlichen, dass *alles zu seiner Zeit geschieht*.

Die Eingeweihten der Essener sagten das ihren Schülern unermüdlich immer wieder während der anspruchsvollen Ausbildung, die sie ihnen im Kloster Karmel zukommen ließen.

Was sie den »Kessel der Erinnerungen« nannten, war für sie das Geheimste und daher Achtbarste und Kostbarste, das es gab. Der Inhalt dieses »Kessels« kochte erst dann auf, wenn die menschliche Persönlichkeit aufgrund ihrer Erlebnisse, Auffassungsgabe und Reife imstande war, den Anblick zu ertragen und etwas Nutzbringendes daraus zu machen.

Wenn Christus von der Befreiung bestimmter Lasten sprach, die die Seele trug, nannte er als Beispiel die Vergärung von Trauben.

Er erinnerte seine nächsten Jünger daran, dass eine Vergärung nur nach einem genauen, natürlichen Prozess ablaufen konnte und der Wein nicht gut sein konnte, wenn dieser Prozess nicht eingehalten und in Unkenntnis des Werks der Zeit durchgeführt wurde. Er war nur an dem Gedächtnis interessiert, das hinter den Erinnerungen verborgen lag ...

Diesbezüglich sprach er von der »Vergärung des menschlichen Wesens«, die zur Befreiung ihres feinstofflichen Prinzips, sozusagen ihres Alkohols, führte.

Was für eine schöne Analogie man doch da zwischen dem Spirituellen und Spirituosen ziehen kann! An dem klassischen Scherz ist durchaus etwas Wahres ...

Um das Thema der Erinnerungsschicht der menschlichen Seele und ihrer Einflüsse auf das Ego abzuschließen, folgt hier eine Übung, die Christus einige seiner Nächsten praktizieren ließ.

5. Übung
Die christliche Übung der zwei Rosen

1) Zunächst brauchen Sie dafür zwei ganz einfache Rosen, die Sie am Stielansatz abschneiden.
2) Setzen Sie sich bequem mit geradem Rücken hin und legen Sie eine Rose in Ihre linke Handfläche, die andere

in die rechte. Wenden Sie mit geschlossenen Augen Ihre Aufmerksamkeit nach innen, während Sie sich bemühen, die Präsenz beider Blumen deutlich zu fühlen. Stellen Sie sich Ihre Hände wie Gefäße vor, in denen sie liegen.

3) Richten Sie Ihr Bewusstsein nun auf die Rose in Ihrer linken Handfläche. Bleiben Sie so einen Moment und saugen Sie dann innerlich die feinstoffliche Essenz (oder, wenn Sie so wollen, die Energie) dieser Rose ein, um sie an Ihrem Arm aufsteigen zu lassen und ihr dann zu erlauben, bis zu Ihrem Herzen zu gelangen.

4) Machen Sie eine Pause bei Ihrem Herzen und versuchen Sie dabei, falls möglich, dort ein schönes grünes Licht wahrzunehmen.

5) Lassen Sie dann die Energie Ihrer linken Rose, die noch in Ihrem Herzen ist, durch Ihren rechten Arm wieder hinabsteigen, bis sie die Rose erreicht, die sich in Ihrer rechten Hand befindet. Lassen Sie dann innerlich ein Gefühl der Dankbarkeit gegenüber dem Leben aufsteigen, so wie es Sie in die Welt gesetzt hat.

6) Wiederholen Sie diese Übung idealerweise *drei Tage* lang *sieben Mal hintereinander*. Vergessen Sie zwischen jeder Übungsreihe nicht, die beiden Rosen in eine Vase mit Wasser zu stellen, um sie während der drei Tage so frisch wie möglich zu halten.

Sie werden schon bald feststellen, dass die für Ihre linke Hand bestimmte Rose schneller welk wird als die rechte, denn wenn Sie die Übung richtig gemacht haben, haben Sie die Energie der ersten Rose an die zweite Rose übertragen.

Die Übung kann einmal pro Jahreszeit praktiziert werden und funktioniert ganz einfach. Sie nutzt drei Archetypen, den der Rose, den der linken Körperseite und den der rechten Körperseite.

Der Archetyp der Rose (wie auch der Lotusblume) steht für die Entfaltung des Bewusstseins und die »Alchemie des Herzens«.

Der Archetyp der linken Körperhälfte wiederum bezieht sich auf die Vergangenheit des Wesens, auf sein affektives und zelluläres Gedächtnis.

Die rechte Körperhälfte schließlich verweist uns auf sein gegenwärtiges Potenzial, auf seine Synthese- und Handlungsfähigkeit.

Ich erinnere an dieser Stelle daran, dass ein Archetyp kein einfaches »Bild« oder Symbol ist, sondern ein lebendiges Prinzip, das ständig mit dem Bewusstsein des Göttlichen verbunden ist.[8]

Auf dieser Grundlage will diese Übung auf einer sehr feinstofflichen Ebene uralte Erinnerungsdaten in Bewegung setzen, um sie in dem Tiegel, den das Herz-Chakra darstellt, zu reinigen, zu filtern und zu lockern und sie schließlich in der Gegenwart verfügbar und nutzbringend zu machen.

Mit heutigen Worten könnte man sagen, dass es sich um einen Mechanismus zum »Recycling unbewusster Reststoffe«

---

[8] *Siehe »Parallele Universen: In meines Vaters Haus sind viele Wohnungen« desselben Autors, S. 149 ff.*

aus der Vergangenheit handelt, um Gegenwart und Zukunft zu stärken.

Einer der Vorteile dieser Übung ist es, dass sie extrem sanft – fast unbemerkt – wirkt und deshalb den Praktizierenden psychisch und körperlich nicht aufwühlt.

Sie ist absolut unspektakulär, da sie in der Regel keine Bilder und schmerzhaften Situationen aus der Vergangenheit hochkommen lässt. Sie arbeitet im Verborgenen, was sie nicht weniger wirkungsvoll macht. Deshalb empfehle ich sie ganz besonders.

Dadurch, dass sie den göttlichen Teil anregt, der in uns wohnt, und aus ihm aus der Mitte des Herzens heraus den Baumeister unserer »Renovierung« macht, ist die Übung sehr ratsam für alle, die auf der Suche nach ihrer ersten Wahrheit sind.

... Auf der Suche nach dem, dem wir alle immer weiter entgegengehen!

3. Kapitel

VON UNS SELBST ZUM SELBST

Die Erweiterung unseres Weges

Es gibt eine sehr schöne Erfahrung, die unzählige Menschen schon gemacht haben, seit es die Luftfahrt gibt. Sie ist so geläufig und daher so banal, dass niemand oder fast niemand bemerkt, welche Lehre darin verborgen liegt.

Sie beruht nicht auf irgendwelchen Fähigkeiten, sondern allein auf unserer Haltung *im Jetzt* gegenüber der unmittelbaren Lehre der Natur.

Es ist die Erfahrung, bequem an Bord eines Linienflugzeugs zu sitzen, die Wolkendecke zu durchbrechen und plötzlich einen strahlend blauen Himmel zu erblicken ...

Da wir es ja ständig vergessen, erinnert sie uns daran, dass über den Wolken immer die hell strahlende, unerschütterliche Sonne scheint.

Sie lässt uns die Wahrheit erleben, dass wir uns mit zunehmender Höhe immer mehr von den irdischen Störzonen loslösen.

Ich persönlich habe in solchen Momenten nie anders gekonnt, als eine Analogie zu unserem Menschsein zu ziehen.

Ich wiederhole es hier wahrscheinlich zum tausendsten Mal: *Die Analogie ist das Gesetz des Kosmos*. Wie wir schon festgestellt haben, ist der Mensch ein komplettes Universum mit Systemen, Planeten und Klimazonen. Wir, die wir versuchen, unsere innere Welt zu vervollkommnen, wissen das nur allzu gut. Unsere Klimazonen sind unsere »Seelenzustände«, also unsere Launen, Gefühle, Empfindungen, geistigen Einstellungen, vermischt mit den Turbulenzen unserer zellulären, affektiven, zerebralen oder tiefen Erinnerungen ...

So sind wir Wesen, deren Regionen und Wohnstätten aus Stürmen, Gewittern, Regen, Dürren, Schnee, Nebel, Eis und erfreulicherweise auch sanften Frühlingsbrisen und herrlichen Sonnenstrahlen gemacht sind.

Ist all das nicht eher ein Gemeinplatz? Ohne Zweifel, aber ich glaube, dass es Banalitäten gibt, die die Mühe wert sind, auf sie hinzuweisen, denn sie sind bedeutungsvoll und können weisheitsstiftend sein.

Auf der Suche nach der Startbahn

Wenn wir – wie viele alte Völker – von dem Prinzip ausgehen, dass die Sonne mit dem Göttlichen in Verbindung gesetzt werden kann, sollten wir also in jedem Fall unsere tägliche Erdatmosphäre hinter uns lassen, um uns Ihm mehr anzunähern und an Seinem Frieden teilzuhaben.

Das ist nicht schwer zu verstehen, aber es kann sein, dass die passende Startbahn nicht so leicht erreichbar ist, wie wir das gerne hätten.

Sicherlich erleben wir auf dem Weg dorthin mitunter Momente der Gnade, die uns glauben lassen, dass wir ans Ziel gelangt sind, weil sie uns »abheben« lassen, wie es so schön heißt. Aber leider stellen wir dann meist fest, dass uns ganz schnell der Kraftstoff ausgeht und wir die erreichte Höhe nicht lange halten können ... nur gerade so lange, dass wir nach der Landung auf eine nostalgische Erinnerung zurückblicken können.

Das Szenario ist bekannt; oft hat es zur Folge, dass wir den Mut verlieren oder rebellieren. Dann haben wir das Gefühl, gescheitert zu sein, »auf der Stelle zu treten« - und machen uns einmal mehr auf durch alle Breitengrade und Klimazonen.

Um die Mechanismen dieser Fehlstarts und Fehlschläge, ja sogar Rückschläge, besser zu verstehen, schlage ich Ihnen vor, weit über die Startbahnen hinauszuschauen, die sich uns üblicherweise bieten.

Denn welche Sensibilität und Konfession wir auch immer haben, ob wir Christen, Muslime, Buddhisten, Hinduisten oder Animisten sind oder uns in keiner dieser Traditionen wiederfinden, unsere Stolpersteine sind immer dieselben - was bedeutet, dass sie viel mehr von uns selbst kommen als von den »Fluglotsen« der Startbahn, die uns angelockt hat.

Es gibt also notwendigerweise »etwas« in uns, das wir nicht eindeutig identifizieren und deshalb nicht anvisieren können.

Wir können die größten Mantras der Welt rezitieren, Yoga-Anhänger sein, die schönsten Meditationen praktizieren, uns der Innenschau hingeben, fasten oder den ganzen Tag lang beten – niemals wird irgendetwas Entscheidendes passieren, wenn wir uns nicht der intimen Natur »Dessen« bewusst sind, das wir so sehnlichst erreichen wollen und üblicherweise »das Selbst« nennen ...

Die Frage lautet also:

Was ist das Selbst?

Natürlich können wir kurz und prägnant sagen, dass unser Selbst ganz einfach unser Geist ist. Aber das bringt uns auch nicht viel weiter, denn damit haben wir nur ein Wort durch ein anderes ersetzt, das genauso vage ist wie das erste. Es ist umso ungenauer, als es in unserer Kultur eine Art Verwechslung oder Gleichsetzung von Seele und Geist gibt.

Wenn ein zu erreichendes Ziel nicht wirklich benannt wird, wie kann es da verwundern, wenn man sich ständig im Kreis dreht?

Wir wissen, fühlen, sagen uns intuitiv und traditionell, dass dieser Geist oder dieses Selbst, auf den oder das sich unsere Bemühungen richten, sich »irgendwo da oben« befindet, so wie es nicht zuletzt ja auch die Blicke sämtlicher Heiligen und Mystiker in christlichen Abbildungen bezeugen.

Auf diese Weise versichern wir uns, dass dieses Selbst, unser Anteil am Göttlichen, »anderswo« und nicht hier »unten« ist. Und auf diese Weise verfallen wir auch wieder einmal in den uralten Reflex, durch den wir das Leben in Gegensätzen denken: oben und unten, heilig und profan.

Ich bin der Letzte, der nicht zugeben würde, dass wir in Wörtern, in ihren Einschränkungen und in ihren zahlreichen Bedeutungen gefangen sind. Aber da es nun einmal Wörter gibt, sollten wir versuchen, nicht nur an ihrer Oberfläche zu bleiben. Wir sollten versuchen, das Beste aus ihnen herauszuholen.

Begegnung mit Meister Morya

Um über das Selbst und damit über die göttliche Essenz zu sprechen, die nach Ihrer Befreiung in uns ruft, kann ich mir nichts Besseres vorstellen, als Ihnen hier ein Erlebnis zu schildern, das ich vor wenigen Jahren hatte.

Ich befand mich im außerkörperlichen Zustand in Anwesenheit eines verwirklichten Meisters, der vor allem unter dem Namen El Morya bekannt geworden ist.[9] Ich war nicht allein mit ihm, kannte aber keinen der anderen Anwesenden. Wir waren vielleicht 15 und saßen ihm im Halbkreis gegenüber.

In den unsichtbaren Welten, die der menschlichen Seele zugänglich sind, existieren sogenannte Sancta[10], »Schwingungsräume«, in denen sich zeitweise inkarnierte oder nicht inkarnierte Wesen aufhalten, die dieselbe Empfindsamkeit teilen und sehr konkret dieselbe Richtung eingeschlagen haben.

---

[9] *Siehe »Die Reise nach Shambhala« desselben Autors.*

[10] *Zur Erinnerung siehe »Parallele Universen: In meines Vaters Haus sind viele Wohnungen« desselben Autors, S. 136–138.*

Alles trug sich folgendermaßen zu ...

Nachdem wir einander intensiv angeschaut hatten, stellte Meister Morya uns mit der ihm eigenen Autorität die Frage:

»Wer von euch kann mir von seinem Geist erzählen?«

Wir blickten uns an ...

Für mich war das sicherlich eine der am wenigsten erwarteten Frage, der ich jemals begegnet war. Aber ich war wohl nicht der Einzige, der stumm blieb, denn niemand von den Versammelten schien den Wunsch zu haben, das Wort zu ergreifen.

»Es kennt also niemand von euch seinen eigenen Geist?«, legte unser Lehrer nach einer langen Stille nach.

Mit einem Mal klang seine Stimme viel sanfter und sogar amüsiert.

»Das ist ganz normal ... Ansonsten wärt ihr nicht hier, um mir im Körper von Männern oder Frauen zuzuhören. Wie soll man von seinem eigenen Geist sprechen, wenn man noch nie vor ihm gestanden hat – das heißt, vor dem geheimsten Selbst, in der intensivsten, reinsten Innigkeit mit dem Göttlichen? Welches menschliche Wesen kann das, wenn es diesen Geist noch nicht erkannt und sich ihm noch nicht genähert hat?

Ihr fragt euch also, meine Freunde, warum ich euch diese Frage gestellt habe?«

»Vielleicht, um unsere eventuelle Eitelkeit zu testen ...«, erlaubte ich mir zu sagen.

Meister Morya hob eine Augenbraue in meine Richtung und schenkte mir eine Art wissendes Lächeln.

»Das ist gar nicht so falsch«, erwiderte er, »aber die Antwort ist unzureichend. Ich habe euch diese Frage gestellt, um euch fühlen zu lassen, wie sehr wir hier den Bereich des Wissens verlassen, um zu versuchen, in den Bereich der Kenntnis zu gelangen.

Wissen ist oft nur eine Schicht aus Wörtern und gelehrten Begriffen, die die Persönlichkeit beruhigen, indem sie ihr erlauben, mit etwas zu glänzen.

Es ist zu respektieren, aber man darf nicht vergessen, dass ein einfacher Windstoß - zum Beispiel der, der uns von einem Leben zum nächsten weitergehen lässt, von einer Rolle zur nächsten - es plötzlich wegfegen kann wie einen einfachen Strohhut.

Die Kenntnis ... ist etwas völlig anderes. Wenn wir einmal gelernt haben, uns ihr zu nähern und von ihr zu kosten, verlässt ihre Essenz uns nicht mehr; sie offenbart uns uns selbst.

So kann also der Geist, das Selbst, nur durch direkte Erfahrung verstanden werden. Was könnte logischer sein?

Wenn ihr sagt, dass ihr euch eurem Geist nähern wollt, sprecht ihr in Wirklichkeit vom heiligsten Projekt des Universums. Vom heiligsten deshalb, weil wir dadurch, dass wir den Weg hin zu unserem Geist öffnen, um mit ihm zu verschmelzen, bewirken, dass das Göttliche den ganzen Raum auf allen Stufen unserer Wirklichkeit einnimmt, Ebene für Ebene.

Wer von euch hat also alle seine Ängste überwunden, indem er in seinem Herzen das Mehr und das Weniger dauerhaft miteinander versöhnt hat? Wer?«

Natürlich konnte auf diese neue Frage Meister Moryas wieder nur ein weiteres langes Schweigen folgen.

»Wer?«, wiederholte er. »Natürlich jeder von euch! Nicht in dem, was ihr von euch wahrnehmt und wisst, sondern in dem, was ihr in Wahrheit seid! Reagiert auf diese Aussage nicht mit eurem Ego. An es richte ich mich nicht, denn es ist nicht imstande zu verstehen.

Ich spreche zum Göttlichen in euch, zu Seiner Flamme in eurem Herzen, auf dass Sie in eurer intimen Wirklichkeit diese Art ›Fettschicht des Vergessens‹ schmelzen lässt, die sich im Laufe der Zeiten gebildet hat.«

Das schlechte Cholesterin der Seele

»Hört mir gut zu«, fuhr Meister Morya fort. »Euch dürfte bekannt sein, dass jeder fleischliche Körper etwas zu produzieren imstande ist, was ihr ›schlechtes Cholesterin‹ nennt. Nun, wisst, dass die Masken der Seele auf ihrer eigenen Ebene mühelos eine Art ›Schwingungsfett‹ herstellen, das die feinstofflichen Kanäle verstopft, durch die das Leben – also der Gedächtnisabdruck des Göttlichen – in ihnen zirkuliert.

Ihr werdet mir antworten, meine Freunde, dass ihr die Hilfsmittel kennt, um das ›schlechte Cholesterin‹ der inkarnierten Seele zu bekämpfen. Ihr werdet mir sagen, dass das Meditationen, Gebete und alle damit verbundenen Disziplinen sind, natürlich ganz zu schweigen vom königlichen Weg des Dienens an anderen.

Das ist richtig ... Aber ihr werdet bemerkt haben, dass ich den Begriff ›Hilfsmittel‹ verwendet habe, der einen Eingriff mithilfe von ›etwas‹ bedeutet, das außerhalb von euch ist.

Ihr müsst verstehen, dass es nicht mein Anliegen ist, euch hier mitzuteilen, dass die Disziplinen, die es für Seele und Körper auf ihrer Suche nach dem Licht gibt, nutzlos sind. Das wäre eine schwere Fehlannahme!

Mein Anliegen ist es, euch dazu einzuladen, dringend mitten ins Herz eurer Gebete und Meditationen hinabzusteigen. Mein Anliegen ist es auch, euch dazu anzuregen, nicht mehr den Begriff des ›Opferns‹ in euch zu nähren, wenn ihr anderen etwas gebt.

Das Geheimnis der bewussten und damit euren Geist befreienden Atmung liegt zu einem guten Teil darin, nicht mehr immer alles auf eure kleine, von allem abgetrennte Person zurückzuführen.

Haltet also nicht mehr einfach nur eure Gebete, Meditationspraktiken und dienenden Handlungen ein. Seid sie! Setzt euch mit ihnen gleich, ohne den geringsten Gewinn für euch daraus zu erwarten!

Warum? Weil in Wirklichkeit alles bereits ›irgendwo über‹ euch gewonnen ist. Weil alles bereits verwirklicht ist in einer Form von Raum und Zeit, die eurem Intellekt nicht zugänglich ist.

Das Geheimnis liegt darin, loszulassen und die ursprüngliche Natur eures Selbst oder, falls ihr den östlichen Begriff bevorzugt, eures Atman, zu fühlen.

Unsere Essenz kann nicht verunreinigt werden

Wisst über eure ›psychischen und egoistischen Fettablagerungen‹ hinaus, dass euer – vollkommen androgynes – göttliches Selbst stets absolut intakt bleibt, identisch mit dem, was es zum ersten Zeitpunkt des Atems war, der es erzeugt hat.

Wie könnte es auch anders sein? Es ist eine direkte, fulminante Projektion des göttlichen Bewusstseins. Es ist unser wirklicher und einzig wahrer Berührungspunkt mit Ihm. Es ist ... unsere Direktverbindung mit dem ›Himmel‹ in uns, der über allen vorstellbaren Wolken liegt. Selbst wenn wir versuchten, ihn zu beschmutzen, würde es uns nicht gelingen!

Unser Geist, unser Selbst, unser Atman kann von Natur aus nicht verunreinigt werden. Ihm ist sogar Leid unbekannt, denn er ist eine vom Göttlichen ausgesendete Idee, der klare, stabile Keim eines kosmischen Großprojektes.

Hört mich weiter an ... In jedem Moment, ohne dass es euch bewusst ist, werden euch Fähigkeiten geschenkt, die analog zu denen des Göttlichen sind.

So liegt jedem Projekt, das ihr plant, eine Idee zugrunde, die in euch entsteht. In eurem Herzen ist diese Idee grundsätzlich ›ideal‹, nicht wahr? Und sie wird in eurem tiefsten Inneren auch weiter vollkommen bleiben, was auch geschieht, denn sie enthält das Beste dessen, das euer Wesen in dem Augenblick war, als sie entstanden ist.

Damit will ich sagen: Wie auch immer sich euer Projekt entwickelt, in euch wird immer ein intimer Bereich existieren, in dem sein ursprüngliches Prinzip auf ewig vollkommen bleiben wird wie ein Archetyp.

Jede Schöpfung, seht ihr, entwickelt sich auf dieselbe Weise. Sie entspringt zunächst in der ungreifbaren Sphäre der inneren Vollkommenheit, die dem Gedanken ihres Ursprungs zu eigen ist.

Dann erstreckt sich ihre Idee durch die Zeit der Konkretisierung ... Und dann ereignet sich der Moment ihres unvermeidlichen Hinabsteigens in die Stofflichkeit mit ihren beiden Polen, dem Mehr und dem Weniger, und allem, was dazugehört.

Wenn ich zu euch jetzt darüber spreche, bedeutet das, dass euer Anfangsprojekt, euer Ideal, mit der Dualität und mit allen dadurch bedingten Zugeständnissen konfrontiert wird.

Das heißt, dass alle Elemente, aus denen es besteht und die nun außerhalb von euch sind, bewirken, dass das Ideal, das in euch war und alles eingeleitet hat, vollständig verleugnet oder vergessen wird.

Die Geburt der Masken

So also entwickelt sich die göttliche Strömung des Lebens ... Euer Geist ist seine Idee, vollkommen in ihrer Essenz. Es sind Ideen, die das natürliche Bedürfnis haben, sich fortzusetzen und sich deshalb zu ›Seelenprojekten‹ verdichten. Diese Seelen sind so frei und autonom, dass sie am Ende einen Gedächtnisverlust erleben. Ihre einander erzeugenden

Masken haben dann nicht mehr die geringste Vorstellung von der wahren Natur des Ideals, aus dem sie stammen. Sie beginnen, sich außerhalb ihrer selbst im Kreis zu drehen.

Ich sage euch dieses: Ihr wollt euren Gedächtnisverlust beheben? Ihr seid es leid, immer dieselben Kreise auf denselben ausgetretenen Pfaden zu drehen? Nun, dann verschafft euch die Möglichkeit, die Achse zu erkennen, die die Mitte eures Kreises bildet! Konzentriert euch auf die Reinheit des göttlichen Projektes in euch, also auf euren Geist!

Es ist seltsam ... Oft wird gesagt, dass wir lernen müssen, ›wir selbst zu sein‹. Die meisten verstehen darunter im Allgemeinen: ›Ich muss lernen, ich selbst zu sein.‹

Was für eine kurzsichtige Einstellung und was für ein Fehlschluss, findet ihr nicht?

Gewiss müssen wir erst einmal unsere eigene Maske entdecken, statt die der anderen nachahmen zu wollen ... Aber die Reise ist dort nicht zu Ende, denn das Bild, das der menschliche Spiegel uns von uns zeigt, hat nicht im Geringsten etwas damit zu tun, wer wir sind.

Deshalb, meine Freunde, müsst ihr lernen, die unverrückbare Wahrheit zu lesen, die sich unter euren irdischen Furchen verbirgt, wo der Ozean unendlich, sanft und tief ist.

Und deshalb muss ich euch lehren, nicht nach oben zu schauen, sondern nach innen, ins Herz dieser Wirklichkeit, in der ihr weder Mann noch Frau seid, sondern eine ideale Flamme, die immer an den Tisch des Göttlichen eingeladen ist.

Was kann ich euch nun sonst noch sagen, außer euch eine Übung zu zeigen, die dazu dient, den Weg zu erweitern, der euch von euch zu Euch führen soll ... von eurer Seele zu eurem Geist ... von eurem Bergkristall zu eurem Diamanten.«

Nach einer langen Pause, die uns einlud, den tiefen Sinn seiner Worte zu verinnerlichen, lehrte Meister El Morya uns die folgende Übung, um den Weg zu erhellen, der von unserem Ich zu unserem Selbst führt.

6. Übung
Das Juwel

Wie die meisten Übungen setzt auch diese voraus, dass wir mit geradem Rücken sitzen, idealerweise im Lotussitz, zumindest aber im Schneidersitz. Unsere Augen sind geschlossen, und wir atmen frei.

Zuvor haben wir eine schöne Schale aus Glas oder Kristall mit reinem Wasser gefüllt. Wir halten sie in beiden Handflächen, wobei unsere Arme locker auf unseren gebeugten Beinen liegen.

Nachdem diese Grundvoraussetzungen erfüllt sind, nehmen wir uns ein wenig Zeit, um uns zu zentrieren und so viel Stille wie möglich in uns entstehen zu lassen.

1) In der ersten Phase der Übung sind wir nun angehalten, die Augen zu öffnen und auf die Wasserschale zu richten, die wir in den Händen halten.
   Wir lassen zunächst unseren Blick ruhig über die Wasseroberfläche streifen. Nehmen wir uns dafür genügend Zeit ...

2) Nun ist der Moment gekommen, um einen Lichtstrahl von unserer Stirnmitte aus hin zum Wasser in der Schale auszusenden, wie um sich mit ihm zu vereinen. Wir sind allein von Liebe erfüllt. Seien wir dabei ganz entspannt, mit dem Gefühl, an die Tür des Göttlichen zu klopfen.

3) Nachdem wir das ausgeführt haben, senden wir nun einen Lichtstrahl genau wie den vorherigen von unserer Brustmitte aus ebenfalls zum Wasser in der Schale, damit er darin eintaucht.
Auch hier lassen wir uns von Liebe erfüllen, mit der Gewissheit, dass wir wieder an die Tür des Göttlichen klopfen.

4) In der vierten Phase der Übung sind wir angehalten, immer noch denselben Lichtstrahl auszusenden, aber nun gleichzeitig von unserer Stirnmitte und von unserer Brustmitte aus.
Wir rufen erneut die universelle Strömung der Liebe an, damit sie in uns aufsteigt und uns noch mehr mit dem Wasser vereint, das wir in den Handflächen halten.

5) Noch immer von diesem Gefühl des Einsseins geprägt, sprechen wir nun (innerlich oder hörbar) dieses uralte Gebet:

»Oh Seele meiner Seele,
Juwel meines Geistes,
Ich weiß dich dort, in der Mitte meiner Mitte.
Du bist mein Kontinent des Friedens,

Du bist mein Ozean ohne Sturm,
Mein Feuer des Mitgefühls
Und mein Atem des Wesens.
Künde mir von Deiner Gegenwart,
Lass mich Dich fühlen und kennenlernen.
Rufe mich dazu auf, in Dich herabzusteigen,
Um besser in dich hinaufzusteigen.
Oh Seele meiner Seele,
Aus dem Alles geborenes Juwel,
Empfange mich, auf dass ich mich
in Dir wiedererkenne.«

6) Nachdem wir dieses Gebet so oft wiederholt haben, wie wir es für nötig erachtet haben, führen wir die Schale an unseren Mund und trinken das Wasser ganz bewusst.
Wir tun das mit einem Gefühl von Dankbarkeit für die Lebenswelle, die durch uns strömt, denn sie erweitert in uns fortwährend den Weg, der uns von unserer Seele zu unserem Geist führt.

Die Übung verstehen, um sie richtig zu verinnerlichen

Wie funktioniert diese Übung? Wie alle Übungen basiert sie auf sehr einfachen Prinzipien. Wenn wir sie verstehen, sorgen wir ganz von selbst dafür, dass sie die größte Wirkung in uns entfaltet.

Wie Sie sicher bemerkt haben, gehen die beiden Strahlen, die wir von unserer Stirnmitte und unserer Brust aussenden, von der Mitte unseres sechsten und vierten Chakras aus.

Alle unsere Chakren sind auf der Vorderseite von Natur aus ausstrahlend. Wenn wir uns den Lichtstrahl bewusster machen, der aus ihnen entspringt wie aus dem Inneren einer Blüte, dynamisieren wir sie.

Hier ist leicht nachvollziehbar, dass eine starke Kraft entstehen kann, wenn wir das Strahlen des Stirn-Chakras und des Herz-Chakras am selben Punkt zusammenführen. Diese Kraft setzt sich aus Willenskraft, Klarsicht und Mitgefühl zusammen, drei Prinzipien, mit denen also unser Wasser angereichert sein wird.

Warum haben wir Wasser als Empfänger unserer Strahlen gewählt?

Weil es ein ideales Gedächtnis ist und die Fähigkeit besitzt, sich mit allem, das lebt, zu vermischen. Wenn wir es trinken, integrieren sich die Kräfte, die wir ihm zugeführt haben, automatisch in unseren feinstofflichen Organismus.

Und warum sprechen wir ein Gebet?

Weil jenseits der Schönheit oder Reinheit der Worte, die es bilden und die sich natürlich von einer Übersetzung zur anderen unterscheiden, ein wahres Gebet immer mit einem Egregor verbunden ist, einem energetischen Motor, der im Laufe der Zeiten aus einer Kollektivität hervorgegangen ist.

Wenn wir es »von Herzen« sprechen und nicht »aus dem Kopf«, also automatisiert, ziehen wir unweigerlich die Kraft zu uns, von der es durchdrungen ist. Die Absichten, die es hervorgebracht haben, verrichten dann – oft ohne unser

Wissen – ihr Werk der Dynamisierung, Beruhigung oder Öffnung in den Tiefen unseres Wesens.

Ich finde es hier notwendig, darauf hinzuweisen, dass das Prinzip des Gebets nichts mit Religiosität zu tun hat. Es wäre falsch zu glauben, dass ein Gebet zwangsläufig mit einem Kult verbunden ist.

Im Grunde entsteht ein Gebet immer aus einem spontanen Ruf des Herzens, das intuitiv das Wirken der großen Gesetze erkennt, denen die Zirkulation des Geistes im Universum unterworfen ist.

Aus allen bisherigen Überlegungen und den Lehren Meister Moryas können wir jetzt schon die folgenden Prinzipien ableiten:

- Ohne sich dessen bewusst zu sein, kann jeder von uns Zugang zu einem wunderbaren Raum der Freude und des Friedens erlangen. Es ist ein Raum absoluter Reinheit, den nichts und niemand beschmutzen kann.
- Die Wirklichkeit dieses Raums liegt jenseits unserer Seele. Tatsächlich ist unsere Seele die Quelle unseres Egos und seiner aufeinanderfolgenden Persönlichkeiten.
- Der Raum, von dem hier die Rede ist, ist der Raum unseres Geistes. Es handelt sich um ein androgynes Prinzip, das keine Dualität kennt, denn seine Essenz ist göttlich. Wir nennen ihn das Selbst oder Atman.

- Unsere Aufgabe als inkarnierte Wesen ist es zu lernen, die Existenz dieses Prinzips zu fühlen, uns ihm mit einem »Bewusstseinsdurchbruch« zu nähern und uns mit ihm zu verbinden.
- Die vielen »Ichs«, die unsere Seele von einer Inkarnation zur nächsten erzeugt, sondern eine Art »feinstoffliches Fett« ab, das nicht nur die Wahrnehmung vernebelt, die wir von unserem Geist haben, sondern uns auch beschwert und unser Fortkommen hin zu ihm bremsen kann.
- Wer sich bewusst wird, dass er ständig eingeladen ist, sich dem Göttlichen zu nähern und von Seiner Präsenz zu kosten, sollte alles daransetzen, um den Weg zu erhellen, der zu seinem Selbst führt.

Geistes-Furcht

Bei dieser kleinen Zusammenfassung wird mir klar, dass all diese Konzepte zwar relativ einfach aufzuschreiben, aber ungemein schwierig ins tägliche Leben zu integrieren sind.

Wer wird bei diesem Unterfangen denn niemals müde oder kommt niemals ins Straucheln? Wer kennt nicht Momente, in denen wir uns an nichts mehr erinnern können und den Mut verlieren?

In Wahrheit glaube ich, dass es einen ganz einfachen Grund für unsere Inkonsequenz auf der Suche nach dem Göttlichen gibt. Er lässt sich in vier Wörtern zusammenfassen:

Der Geist macht Angst!

Zuerst einmal kann diese Aussage überraschen, da der Geist - das Selbst - doch ein Synonym für Erfüllung und Glückseligkeit ist.

Worin liegt dann das Problem?

Es liegt nicht so sehr im Ziel selbst, sondern im Weg, der zu ihm hinführt.

Das Göttliche in uns selbst zum Ausdruck kommen lassen, also jegliche Dualität überwinden, will jeder gern - aber »zu welchem Preis«?

Genau dort drückt der Schuh, sträubt sich das Ego und gewinnt das »schlechte psychische Cholesterin« an Boden.

Denn unsere Masken haben dabei viel zu verlieren. Vor lauter Angst verschanzen sie sich deshalb hinter allen erdenklichen Schutzpanzern.

Verschaffen wir uns doch einmal einen Überblick über die Situation und die darin liegende Herausforderung:

a) *Uns zu bemühen, über die Wolkendecke unserer täglichen Existenz zu gelangen, bedeutet, nein zum Anschein und daher zu den illusorischen Werten unserer Gesellschaften zu sagen. Es bedeutet, dem Appetit unseres Egos einen Dämpfer zu verpassen und so auch einen wichtigen Schritt hin zu mehr Klarsicht zu tun.*

Allerdings - wer ist bereit, in sich selbst alles auszujäten, was nicht wahr ist, sich also hinter Vorwänden versteckt? Klarsicht ist ein bisschen so wie ein Chirurgenskalpell, das schneidet, um einen guten Zweck zu erfüllen, aber allein durch seine Anwesenheit Angst bereitet ...

Nicht die Wahrheit über die Welt ist es, die uns ängstigt, sondern die Wahrheit über unsere Irrungen und Wirrungen, unseren Mangel an Mut und vor allem unsere Heucheleien.

b) Nach der Angst vor der Klarsicht kommt wahrscheinlich die Angst vor dem Licht selbst. Diese Angst kann absurd erscheinen, aber sie existiert, weil sie die Angst vor dem Unbekannten widerspiegelt.

Denken wir einmal darüber nach ... Unsere Welt kann in wenigen Worten als »Schwingungssphäre« definiert werden, in der ständig entgegengesetzte Kräfte aufeinanderstoßen. Das Spektakel des Kampfes zwischen dem, was wir als Gut und Böse wahrnehmen, wird uns von der Geburt bis zum Tod ständig vorgeführt. Das ist unser Alltag, wir sind daran gewöhnt und bis ins Herz unserer Zellen hinein darauf konditioniert.

Um uns davon zu überzeugen, brauchen wir nur an die Kämpfe zu denken, die in unserem Organismus ohne unser Wissen von unserem Immunsystem ausgetragen werden.

So leben wir in einer »physisch-mentalen« Dimension, für die Konfrontation gleichbedeutend mit Normalität, also Ausgewogenheit, ist.

Uns wahren Frieden, also das Licht, nicht mehr als schönes, poetisches Prinzip vorzustellen, bedeutet also, unsere Orientierungspunkte, unser Bezugssystem und unsere inneren Konditionierungen hinter uns zu lassen, um absolutes Neuland zu betreten.

Bei all dem, was das Licht bedeutet und infrage stellt, fürchten wir, dass es uns erblinden lassen wird.

Wir wissen intuitiv, dass es ein Wirbelsturm ist,
der alles von uns mit sich forttragen wird,
sobald wir beginnen, ihm wirklich die Tür zu öffnen.

Kurz gesagt fürchten wir den Atem des Geistes, weil wir wissen, dass er alle Sicherheitsbalken der inneren Landschaft abräumen wird, die der Mensch sich errichtet.

c) *Aus dieser Angst entsteht eine weitere: die Angst vor unserer Vernichtung. Da wir alle genetisch davon überzeugt sind, dass unser Überleben unwiederbringlich mit dem Hell-Dunkel der Dualität verbunden ist, ist der Zustand des Einsseins - des Advaïta - von unserem Kopf schlecht nachzuvollziehen. Unser Kopf ist von Mustern geprägt, durch die er das Einswerden leicht als Auslöschung des Bewusstseins des Wesens als Individuum versteht.*

Kurz gesagt verängstigt das Licht des Friedens - des wiedergefundenen Selbst - die inkarnierte Persönlichkeit, die das Gefühl des Einsseins mit dem Gefühl langweiliger Gleichförmigkeit verwechselt. Daher weigert sich das Ego, vom Geist absorbiert zu werden. Es wehrt sich gegen die Vorstellung, sich aufzulösen.

Natürlich finden alle diese Angstmechanismen bei den meisten von uns unbewusst statt, selbst bei denjenigen, die bewusst den Weg hin zu innerem Wachstum eingeschlagen haben. Dabei sind wir doch »offiziell« alle auf der Suche nach der Sonne, nicht wahr?

Das Unbehagen der Verwandlung

Wer hat denn wirklich den Mut, sich die Erschütterung des eigenen Universums auszumalen? Wir haften zu sehr an unseren Problemen und täglichen Miseren und auch an der gewohnten Behaglichkeit unseres menschlichen Leids, um einen echten Schritt hin zum *Unbehagen der Verwandlung* zu wagen.

Trotzdem wage ich mich daran, Sie diesem ganz besonderen Unbehagen hier näherzubringen, denn an ihm führt kein Weg vorbei, wenn wir unser entscheidendes Abenteuer fortsetzen wollen ...

Ich hatte ja bereits die »Wolkendecke« erwähnt, die uns daran hindert, die ständige Präsenz unseres göttlichen Teils, unseres Selbst, zu verwirklichen. Jeder interpretiert diese Decke nach seinen eigenen Lebensumständen, aber allgemein wird sie als Masse aller unserer Schwierigkeiten wahrgenommen.

Ich möchte Sie einladen, hier noch weiter zu schauen: Aus meiner Sicht ist diese graue Wand oder Wolkenschicht, die wir nicht durchdringen können, nichts anderes als die Wand unserer Anhaftung an Illusionen.

Wir sind die hypnotisierten Sklaven eines Universums, das keine andere Beschaffenheit hat als die, die wir ihm einräumen. Die Quantenphysik bestätigt das seit Jahrzehnten: Der Blick des Beobachters beeinflusst automatisch das beobachtete Objekt.

Das bedeutet: Wenn wir unser Leben und die Welt von unserem Ego aus betrachten, greifen wir »auf der Höhe«

dieses Egos in sie ein, also von der Bewusstseinsstufe aus, die es widerspiegelt.

Nach diesem Prinzip müssen wir verstehen, dass weder unsere Person noch das, was wir von der Welt sehen, gesetzt ist, sondern im Gegenteil ständig in Bewegung und formbar.

Die treibende Kraft hinter dieser Bewegung ist also das Bewusstsein, während seine Natur und sein Rhythmus sich nach der Ausdrucksebene dieses Bewusstseins richten.

Dieser Grundgedanke (dessen Auswirkungen Mystiker in Momenten der Erleuchtung in besonderer Weise erleben) will uns lehren, dass das, was wir kollektiv von der Welt und uns selbst erfassen, nur das vorübergehende Resultat der Art von Verständnis ist, das wir vom Leben »in« und »außerhalb« von uns haben.

Entsprechend sagt er uns auch, dass es nur an uns selbst, zuerst einmal individuell, liegt, nicht mehr mit der starren Wahrnehmung einer bestimmten Wirklichkeit konform zu gehen, um die direkte Erfahrung Dessen zu machen, das in Wahrheit hinter der Maske des Anscheins Ist.

Das Trugbild des Egos

Wenn wir all das gut »von innen« verstehen, erkennen wir, dass nur die Verbindung mit unserem Geist es uns ermöglicht, kein Spielball der täglichen Illusionen mit all ihren chaotischen Glücks- und Unglücksfällen mehr zu sein.

Dann sehen wir aus Erfahrung, dass das Königreich der Illusion - Maya - das Werk des Egos in allen seinen Formen ist. Wir erkennen eine grundlegende Wahrheit:

Wem es gelingt, die Präsenz des Geistes - seinen unveränderlichen Atman - in sich selbst zu berühren, der setzt sich nicht mehr damit gleich, was er bisher zu sein geglaubt hat. Er erkennt, dass sein Ego nicht in ihm selbst existiert, sondern nur ein vorübergehendes Werkzeug ist. Und er entdeckt den Sinn des Einsseins mit Allem.

Er erlebt den Atem, der das kleinste Insekt beseelt, der die Pflanzen wachsen lässt, der im Herzen aller Berge wartet und in allen menschlichen und nichtmenschlichen Herzen in der Vielzahl der Universen schlägt.

Er hat einen entscheidenden Schritt getan, denn er hat sich der Liebe »im nativen Zustand«, wie sie im Herzen des Göttlichen ist, genähert. Es ist eine Liebe, die nicht mehr in den flüchtigen Farben der inkarnierten Persönlichkeiten getönt ist, sondern vom Duft der ursprünglichen Essenz sublimiert wird.

Zwischen Maya und Advaïta ... Unsere Dekonditionierung

Uns von der starren, oberflächlichen Wahrnehmung des Lebens zu dekonditionieren, die uns eingeprägt wurde, ist unsere allererste Priorität.

Diese Feststellung und Affirmation sollte jedem Weg, der sich spirituell nennt, zugrunde liegen. Niemand kann vorgeben, von etwas zu erwachen, das er nicht ist, wenn er nicht erst einmal entschlossen mit seiner eigenen Dekonditionierung beginnt.

Aber um uns selbst dekonditionieren zu wollen, müssen wir natürlich zunächst einmal unsere Konditionierung, also unsere Unterwerfung zahlreicher Glaubenssätze, zugeben können. »Glaubenssatz« bezieht sich hier nicht auf einen Glauben oder eine Religion, sondern auf eine Gesamtheit an Grundannahmen über die Natur des Menschen und des Universums.

Nehmen wir zum Beispiel einmal die Grundannahme, dass jeder von uns als separates Element getrennt von Allem existiert.

Intellektuell ist es eine Herausforderung, das zu verstehen. Unser Kopf bewältigt das nur unter größten Verrenkungen.

Er denkt dann an Bilder wie den Wassertropfen, der ins Meer fällt und weiter existiert ... obwohl er gleichzeitig aufgehört hat zu existieren, weil er mit Allem verschmolzen ist.

Denken wir auch an das klassische Beispiel der Wellen an der Oberfläche dieses Meeres. Jede existiert auf eine gewisse Weise, aber nicht über die Gestalt hinaus, die sie im Bruchteil einer Sekunde annimmt. Sie lehrt uns den Zustand der Unbeständigkeit, da sie sich in ständiger Bewegung befindet und nicht abgetrennt oder angehalten werden kann außerhalb des Meeres, mit dem sie naturgemäß Eins ist.

Genau in diesen Zustand des Einsseins mit Allem des Kosmischen Ozeans lädt uns die Verbindung mit unserem Selbst ein. Die Erfahrung dieser Nichtdualität ist die Essenz des transzendentalen Zustands, der oft als »Leere« bezeichnet wird.

Dabei müssen wir beachten, dass das Wort Leere hier kein Vakuum bezeichnet, sondern einen unbeschreiblichen Zustand des Verschmelzens ... mit Dem, das keinen Namen haben kann.

Bei all dem – muss man das noch betonen? – kann einem durchaus schwindelig und Angst und Bange werden, weil dadurch endgültig alles aufgelöst wird, das wir innerlich überzeugt sind zu sein. Es kann auch sein, dass wir dadurch in endlose Gedankenübungen verfallen und uns so immer weiter vom Göttlichen in uns entfernen, weil wir viel zu viel analysieren.

Aber auch wenn unser mentaler Automat seine Rolle zu spielen hat, hat er nicht die Fähigkeit, uns zu der Dekonditionierung hinzuführen, um die es hier geht.

Der einzige Schritt, der uns unsere Beziehung mit dem, das Ist, verändern kann, findet in unserem Herzen statt.

Seit uralten Zeiten haben alle verwirklichten Meister und großen Lehrer unserer Menschheit immer das Herz als idealen Ort erklärt, von dem aus die Verwandlung des Wesens vonstattengehen sollte. Denn dort wohnt unser göttlicher Keim und wartet auf seine Erweckung und seine »Explosion«.

Mahavatar Babaji aus dem Himalaya hat uns diesbezüglich ein schönes Werkzeug zur »Dehnung« oder »Weitung«

an die Hand gegeben. Hier sind die Worte, die ich unlängst von ihm in einem der schon erwähnten Sancta empfangen habe:

Eine Unterweisung Babajis

»Euch wurde immer gesagt, dass ihr durch das Gehirn, das sich in eurem Schädel befindet, denken könnt, euch erinnern könnt und letztendlich ›seid‹. Lasst dieses unvollständige Verständnis der Funktionsweise des Lebens in euch hinter euch! Es ist überholt!

Wisst ihr, dass eure Gedanken, euer Gedächtnis und alles, was ihr fühlt, ebenso (wenn nicht sogar noch mehr) aus eurem Herzen kommen?

Ich bekräftige, was alle Meister aller Zeiten erfahren haben: Euer Herz besitzt ein wahrhaftiges Gehirn, das aus Zehntausenden Neuronen besteht, und sondert Substanzen ab, durch die es kleinste Teile eures Körpers regulieren kann.

In heutigen irdischen Begriffen würde ich sagen, dass es mit einer Hauptdrüse vergleichbar ist, die Hormone produziert.

Wisst ihr auch, dass dieses Herz einen ständigen Dialog mit eurem ›zerebralen‹ Gehirn führt und deshalb alles andere als nur eine einfache Pumpe ist? Seht es daher als Zentralsonne eurer persönlichen Galaxie – denn in Wahrheit ist es genau das!

Alle Traditionen, die euch von den Sphären des Lichtes hinterlassen wurden, beschreiben es so – aber ihr habt es immer nur als Poesie aufgefasst.

Wollt ihr euer Leben verändern? Wollt ihr die Welt verändern? Wollt ihr euch verwandeln oder – wie ihr es nennt – aufsteigen?

Nun, wenn ihr mir Glauben schenkt, dann wendet euch nicht an euren Kopf!

Auch wenn seiner Anatomie heilige Zentren zugesprochen werden, wird die bloße mentale Funktion eures Gehirns niemals der große Organisator der Revolution sein, nach der euer ganzes Wesen strebt.

Schon bald werden einige von euch erstaunt feststellen, dass das energetische Strahlen des menschlichen Herzens viele tausend Mal stärker ist als das des Gehirns.

Seid euch daher bewusst, dass durch eure Hinwendung zum Zentrum der Rose in eurer Brust das Feuer eures Wiedererwachens entfacht wird. Ich sagte Wiedererwachen und nicht Erwachen, denn in Wirklichkeit ist das, was euer Herz berühren und ermuntern muss, der Raum der Vollkommenheit, den auf ewig euer Keim ausmacht. Ich sage euch: Euer Geist wird euch durch euer Herz offenbart werden!

Wie soll das vonstattengehen? Indem ihr dafür sorgt, dass dieses Herz unbändig wird! Indem ihr euer Bestes tut, damit seine Intelligenz die Konditionierungen auflösen kann, die in den schwerfälligen Bereichen eures Kopfes entstanden sind.

Um euch weiter in diese Richtung zu führen, schlage ich euch eine sehr einfache, wirkungsvolle Übung vor, die ich mithilfe des Lichtes ersonnen habe.

Ihr Ziel ist es, den Weg zu erweitern und frei zu machen, der vom Herzen zum Geist führt. Wie ich stets gelehrt habe, wird dieser Weg durch die zahllosen irrigen Sichtweisen und Missverständnisse all dessen versperrt, was dieses ständige Wunder namens Leben ausmacht.

Es handelt sich um uralte Muster, die eure kleinsten emotionalen, affektiven, mentalen, zellulären und sogar offensichtlich spirituellen Verhaltensweisen konditionieren und formen. In jedem Augenblick eurer Existenz drücken sie sich energetisch durch etwas aus, das als ›leuchtende Geflechte‹ erscheint.

Diese Geflechte sind aus den Gedächtnisschichten eures Keimatoms[11] hervorgegangen. Sie zirkulieren ständig durch den Raum eures Herzens in einer Art und Weise, die zufällig erscheinen kann, aber tatsächlich eure grundlegenden Schwierigkeiten widerspiegelt.

Die Übung, die ich euch übermittle, kann diese Geflechte lösen, denn sie sind es, die euch innerlich den Weg versperren.

Seid euch gewiss, dass sie nicht entschlüsselt oder analysiert zu werden brauchen.

Ihr werdet sie mehr als Meditationsstützen betrachten und die Absicht verfolgen, sie zu entflechten und aufzulockern. Indem ihr sie hervorkommen lasst, blast ihr ihre Last aus eurem Herzen wie die Gischt von den Wellenkämmen des Ozeans ... Kampflos und liebevoll ...

---

[11] *Siehe »Karmische Krankheiten« desselben Autors, S. 23/24.*

7. Übung
Babajis Übung

Hier folgt ganz konkret, wie die Übung durchzuführen ist:

1) Ihr beginnt sie mit dem bewussten Rezitieren eines alten Gebetes aus der Tradition der Essener.
   Es gibt weitere, die denselben Nutzen haben, aber dadurch, dass es sehr präzise ist, bringt dieses Gebet den Betenden im Herzen rasch in Kontakt mit einem machtvollen Egregor.
   Das Gebet wendet sich an den ›Allmächtigen Herrn‹. Seht in diesem Namen aber keine Anrufung einer Macht außerhalb von euch. Sie bezieht sich in keiner Weise auf einen Schöpfer, der euch beobachtet und beurteilt, sondern auf den Gedächtnisabdruck des absolut Göttlichen in euch.
   Das Gebet wird traditionell ›Gebet zur Heilung der Vergangenheit‹ genannt.

›Allmächtiger Herr, der Du keinen Namen trägst und Erinnerung durch alle Ewigkeit bist, der Du vollkommene Vergebung bist und der Du die Geschichte meiner Seele kennst, heile mich von der Last meiner Vergangenheit.

Der Du vor meiner Geburt im Bauch meiner Mutter gelesen hast, der Du mein Herz hast schlagen hören, bevor es schlug, und der Du dort die Tränen meines alten Leids aufgefangen hast, heile mich von meinen Erinnerungen.

Der Du meine Fußsohlen auf diese Erde gesetzt und mir jede Freiheit gelassen hast, darauf zu wandeln, zu wachsen und zu straucheln, befreie mich von den Wurzeln meiner Zweifel. Der Du es mir erlaubt hast, von allen Anhaftungen zu kosten, heile mich von meinem Appetit nach Knechtschaft.

Der Du mich hast wachsen, schrumpfen und oft die Hand verweigern sehen, die Du mir ausgestreckt hast, der Du mich hast steckenbleiben sehen, manchmal so sehr, dass ich Deine Präsenz in der Tiefe meines Lebens geleugnet habe, heile mich von meinem Mangel an Liebe und meiner egoistischen Verblendung.

Der Du mich getragen hast, als ich mich selbst nicht mehr getragen habe, der Du zurückzutreten gewusst hast, auf dass ich besser meine Arroganz erkenne, der Du zugelassen hast, dass ich mich selbst mit meinem Schatten verwechselt und zu Gewalt und tötenden Worten gegriffen habe, heile mich von meiner schuppenbedeckten Haut.

Der Du meine Wunden kennst und jede Furche meines Herzens liest, der Du mir jede meiner Schwächen vergibst und mir Dein Vertrauen schenkst, während ich Dich so wenig in mir zu lieben weiß, heile mich davon, Dich zu vergessen.

Allmächtiger Herr, der Du keinen Namen trägst und Erinnerung durch alle Ewigkeit bist, der Du vollkommene Vergebung bist, heile mich von meiner Vergangenheit durch die Schönheit und Macht Deiner ewigen Gegenwart in mir und in jedem Wesen und jedem Ding.‹

2) Wenn ihr euch von diesen Worten habt durchdringen lassen, sodass sie in eurer Mitte lebendig geworden sind, nehmt ein Blatt Papier und einen Stift, die ihr euch vorher zurechtgelegt habt.
   Setzt den Stift auf das Papier und haltet die Augen geschlossen, bis eine schöne Stille und eine Form von Leere in eurem Wesen eingekehrt sind.
   Fühlt nun bei immer noch geschlossenen Lidern den richtigen Moment, um den Stift sich frei überallhin bewegen zu lassen, wohin eure Hand ihn auf dem Blatt führt.
   Lasst eure Hand auf diese Weise vier oder fünf Sekunden lang ihr Werk tun, ohne sie dabei anzuheben.

3) Öffnet nun die Augen und legt den Stift beiseite, um euch in Ruhe die Geflechte anzusehen, die ihr gezeichnet habt.
   Sie sind die Kopie, die Übersetzung der Geflechte, die zur selben Zeit im energetischen Raum eures Herzens zirkuliert sind und aus eurem Keimatom, dem ›Gedächtnis-Gehirn‹ eures Herzens, stammen.

4) Nun ist der Zeitpunkt gekommen, um euch von der Essenz eurer Geflechte durchdringen zu lassen.
   Betrachtet sie ganz einfach, lange, liebevoll und mitfühlend, denn sie sind der Ausdruck des tiefen Lebens, das sich selbst in euch sucht, das umhertastet und dem ihr die Hand ausstreckt.
   Diese Geflechte sind auch die Gischt eurer Konditionierungen, die exakte Widerspiegelung der Mechanismen eures Leids.

Betrachtet sie also, ohne zu versuchen, ihre Konturen zu analysieren.
Stellt euch dann schließlich diese Frage:
›*Wo genau in dieser Skizze verorte ich mein Herz?*‹

5) Wenn ihr das Herz eurer ›Zeichnung‹ – euer Herz – gefühlt und gefunden habt, setzt euren Stift oder eure Feder dort auf und zeichnet von dort aus eine Spirale, die allmählich eure gesamte Zeichnung einkreist, bis sie über sie hinausgeht.

   Achtet darauf, diese Spirale gegen den Uhrzeigersinn zu zeichnen, also in die Richtung, die entwirrt und zerstreut.

   Diese Geste führt ihr nicht mechanisch aus, sondern bewusst und mitfühlend, in dem Wissen, dass ihr dabei die Befreiung von euren alten Reflexen und Ängsten einleitet.

6) Nachdem ihr das durchgeführt habt, gewährt ihr euch einen Moment der Stille und dankt dabei dem Göttlichen für das Werk, das Es gerade in eurem Herzen vollbringt.

7) Übergebt dann euer Blatt Papier immer noch in Dankbarkeit dem Feuer, damit die Kräfte des Äthers seine Energie absorbieren und sie in die universelle Lebensströmung zurückgeben.

Macht diese Übung so oft, wie ihr euch innerlich dazu aufgerufen fühlt, idealerweise in Zyklen von sieben aufeinanderfolgenden Tagen.

Vermeidet aber Übertreibungen, denn wie die Traube in ihrem Fass lässt der Geist, wenn er zu schnell in die Gärungsphase eintritt, eine Art Trunkenheit im Menschen entstehen, die zu Entgleisungen führen kann, die wenig mit dem Erwachen zu tun haben.«

Intuitive Zeichnung 1. Phase

Intuitive Zeichnung 2. Phase

Die Entscheidung zu vertrauen

Die Unterweisung, die Babaji uns mit diesen Worten übermittelt, betont also, wie wichtig es ist, uns von unseren alten Glaubenssätzen zu befreien. Der Weg zum Selbst ist deshalb ein Weg des Wagemuts, denn er verlangt von uns, illusorische Errungenschaften loszulassen, die dazu beigetragen haben, dass wir uns selbst mit unserer Rolle verwechseln.

Sie haben es sicher schon bemerkt: Es ist unweigerlich ein Weg, der mit Vertrauen gepflastert ist – denn ohne Vertrauen ist es unvorstellbar, die Sicherheiten loszulassen, die unsere Hypnose ausmachen.

Und damit sind wir wieder beim Begriff eines intimen Glaubens, der »von innen« einzuladen ist.

Dieser Glaube kann zwar nicht beschlossen oder auferlegt werden, aber seien Sie sicher, dass er trotzdem kultiviert und entwickelt werden kann, wenn wir Praktiken anwenden, wie Babaji sie uns hier hinterlassen hat.

Es ist nicht an der Zeit, um die Welt vor uns vorbeiziehen zu lassen und uns über die Wechselfälle des Lebens zu beklagen. Vielmehr ist es an der Zeit zu handeln und uns dazu zu motivieren, aus eigenen Stücken aktiv zu werden.

An dieser Stelle wird offensichtlich: Der Wagemut und das Vertrauen, die es braucht, um die Dynamik zur Befreiung des Göttlichen in uns anzustoßen, erfordern, dass wir nichts mehr in unserem Leben anderen überlassen.

Sind Sie bereit, die Dinge selbst in die Hand zu nehmen?

Zu lernen, selbst zu denken und zu sein, ist eine wichtige Etappe auf unserem Weg.

Von uns selbst zum Selbst weiterzugehen, ist zweifellos das schönste Abenteuer, das man sich vorstellen und unternehmen kann, finden Sie nicht auch?

Natürlich braucht es stetiges Bemühen in Hoffnung und Liebe, weil das Ziel gewaltig ist.

Wenn wir beginnen, von der Präsenz eines neuen Lichtes zu kosten, geraten wir zum Glück in eine solche Entdeckungsspirale, dass eine Freude, die anders ist als alle anderen, unseren Appetit auf Wachstum dann nur noch vergrößert ...

4. Kapitel

VOM SÜNDENFALL ZUR ENTSCHULDUNG

Die Notwendigkeit zur Deprogrammierung

»Mea culpa, mea maxima culpa ...«[12] Ich kann mich noch gut an jene Sonntagvormittage meiner Kindheit erinnern, an denen ich müde vom traditionellen Gottesdienst, dem ich mich nicht entziehen konnte, dreimal hintereinander diese schuldzuweisenden Worte wiederholen musste.

Über uns das Kirchengewölbe, rezitierten wir sie immer wieder im selben monotonen Tonfall. Wir mussten sie uns einprägen, wie um uns selbst davon zu überzeugen, welch schreckliche Sünder wir waren. Und da die Worte nicht ausreichten, hatte man uns zusätzlich auch noch eine anschuldigende Geste beigebracht: Mit den Fingern einer Hand mussten wir uns dabei dreimal auf die Mitte der Brust klopfen.

---

[12] *Aus dem Lateinischen: »Meine Schuld, meine übergroße Schuld ...«*

Mit dem Blick auf die Holzbank gesenkt, auf die wir uns immer wieder eilfertig knien mussten, war es unsere Pflicht, über unsere erbärmliche Situation als Sünder nachzudenken.

Unzählige von uns haben das so erlebt. Es war eben so, und man protestierte nicht dagegen. Es war noch die Zeit, in der man von Jungs verlangte, kurze, ordentlich gekämmte Haare zu tragen und zu diesem Anlass die beste Kleidung anzuhaben.

Es musste so sein, sagte der Priester, um Gott würdig zu ehren. Gott? Er wurde uns gekreuzigt und blutüberströmt dargestellt, als Einziger, der (aus gutem Grund) nicht gut gekleidet war und das Recht hatte, lange Haare zu tragen.

Ich weiß auch noch, wie ich es eines Tages bei einem dieser sonntäglichen Gottesdienste wagte, den Kopf zu heben, während ich die bekannten rituellen Worte der Selbstbeschuldigung aussprach.

»Mea culpa wofür?«, fragte ich mich innerlich. »Mea culpa wofür?«

Ich muss etwa 12 Jahre alt gewesen sein, als mir diese Frage wie ein heller Blitz durch den Kopf schoss.

Freilich währte meine »Erleuchtung« nicht lange, denn als der Offiziant mein schamlos erhobenes Kinn bemerkte, warf er mir umgehend einen strengen, tadelnden Blick zu. Ich hatte gerade gesündigt ... und auf meine schändliche Art und Weise den »Sündenfall« der Menschheit weiter verlängert!

Wenn ich heute daran zurückdenke, kann ich nur sagen, dass wir wahrlich das Jahrtausend, aber auch gewissermaßen die »Galaxie« gewechselt haben. Und das ist gut, auch wenn formell nichts besser läuft in der neuen Welt, die wir haben entstehen lassen. Es ist gut, weil es dringend nötig war, das ganze Gebäude unserer Gesellschaft zum Einsturz zu bringen, indem wir unsere Werte infrage gestellt haben, angefangen bei unseren inneren Werten. Wenn wir uns heute auf die Suche nach Etwas machen, das unendlich größer ist als wir selbst, und ein Glaube in uns wohnt, dem wir nicht unbedingt einen Namen geben – wie sollen wir das Licht sehen, wenn wir dermaßen abgestumpft sind und daran gewöhnt sind zu glauben, dass wir den Kopf senken müssen, um unsere »Erlösung« zu verdienen?

Gibt es nicht einen enormen Unterschied zwischen einfacher Demut, die uns wachsen lässt, und der Unterwerfung unter Affirmationen, die mehr beschwerend als erlösend sind?

Um aus unserer chronischen, leidvollen Dualität hinauszugelangen, scheint mir, dass die wahre Frage nicht lautet: »Was ist diese Schuld, die wir zu bezahlen haben?«, sondern vielmehr: »Haben wir wirklich eine Schuld zu bezahlen und an wen?«

Alles läuft also darauf hinaus, uns ein für alle Mal mit dem fürchterlichen Sündenfall und der berüchtigten Ursünde zu befassen, die uns unsere beiden unartigen Urahnen Adam und Eva vererbt haben.

Aber auch wenn uns klar ist, dass dieses Paar archetypisch ist und unsere Menschheit auf ihrem Irrweg darstellt, nachdem sie sich von ihrem Schöpfer abgewandt hat, stellt sich bei genauerem Nachdenken heraus, dass wir trotzdem nicht viel weiter gekommen sind.

Es gibt nicht viel, das uns irgendwie verständlich machen könnte, um was genau es sich bei dieser Schande handelt, die unsere Urahnen uns angeblich hinterlassen haben. Man hat uns lediglich eingebläut, sie als vollendete Tatsache zu akzeptieren und daran zu leiden, bis wir eventuell erlöst werden, was selbstverständlich nur durch die Abkehr von allem Materiellen und wortwörtlich »Gottesfurcht« geschehen kann.

Diese Lektion in Schicksalhaftigkeit und Dualität ist kaum zu überbieten! Es ist also eine wahre Herausforderung für uns, uns seelenruhig unsere Heimkehr zu unserer göttlichen Essenz vorzustellen, bevor die Stunde unseres Jüngsten Gerichts geschlagen hat.

Um dieses wohl wirklich große Problem zu lösen, sollten wir zuerst einmal so gut wie möglich die Fakten kennen. Bisher haben wir das auch schon zu tun versucht. Es bleibt aber immer noch ein Stück des Weges zu erhellen.

Ein freier Fall?

Die erste Frage, die sich an diesem Punkt stellt, scheint mir zu sein: Was ist die Mechanik oder Dynamik, die uns nicht von Gott, aber vom Göttlichen abgeschnitten hat? Die zweite Frage ist nicht weniger wichtig: Tragen wir wirklich die Verantwortung dafür, diese Dynamik in die Wege zu leiten und in Gang zu setzen?

Mit anderen Worten: Sind wir die Architekten des »Sündenfalls«, wie er uns etwa auf den ersten Seiten der Bibel beschrieben wird, oder erleiden wir ihn notgedrungen?

Schon sich diese Frage zu stellen, ist dekonditionierend und gewissermaßen befreiend.

Sobald wir anfangen, darüber nachzudenken, müssen wir zuerst einmal radikal die klassische Sichtweise hinter uns lassen, unsere Urahnen hätten eine schwere Verfehlung gegen die »Ordnung der Dinge« begangen. Geben wir niemandem die Schuld für unser Leid, denn unsere Urahnen waren ja niemand anderes als wir selbst in anderen Zeiten und Leben!

Es geht hier nicht darum, eine Debatte über Reinkarnation anzufangen, denn ich gehe davon aus, dass alle, die mir bis hierhin gefolgt sind, sie als Tatsache oder zumindest ernst zu nehmende Hypothese betrachten.

Eher sollten wir uns bewusst werden, dass der Mechanismus des Sündenfalls - also der Entfernung vom Selbst - von kosmischer Bedeutung ist und nicht von irdischer oder menschlicher Bedeutung im reduktiven Sinne.

Durch meine persönlichen Erfahrungen und wiederholten Kontakte mit bestimmten verwirklichten Wesen bin ich zu der Auffassung gelangt, dass es eine Art »Gravitationsgesetz« für unseren Kosmos gibt. Das ist natürlich als Analogie zu verstehen, denn in der Gesamtheit dessen, das wir »die Schöpfung« nennen, ist klar, dass es weder oben noch unten, weder rechts noch links gibt.

Diese Art »kosmisches Gravitationsgesetz« wäre dann ein »Gesetz der Abkehr«, nach dem alles, was an einem bestimmten Punkt entsteht, sich unweigerlich davon trennt und zu »fallen« beginnt, woraus sich letztendlich die Freiheit des Wesens erschließt.

Alles, was entsteht, erlebt also einen »freien Fall«, bis eine Form von Intelligenz aus seinem Freiheitspotenzial erwächst und eine erlösende, also wiedervereinende Kraft daraus macht.

Das »Gesetz der Abkehr« beinhaltet demnach dann auch ein »Gesetz der Rückkehr«. Bei all dem lässt sich durchaus an eine regelrechte kosmische Atmung denken.

In diesem Mechanismus lässt sich leicht nachvollziehen, dass die Phase der Abkehr oder Entsendung vergleichbar mit einem »göttlichen Ausatmen« ist, während die Phase der Rückkehr einem »göttlichen Einatmen« entspricht.[13]

Kann es durch irgendeine Kraft vielleicht zu Fehlern in den eng miteinander verbundenen Bewegungen des Ein- und Ausatmens kommen?

Keinesfalls! Beide sind die Grundlage der treibenden Kraft des Lebens. Ohne sie würden die Begrifflichkeiten des Schöpfers und des Göttlichen nichts bedeuten. Etwas zu schöpfen bedeutet, etwas aus uns selbst hervorkommen zu lassen, also dafür zu sorgen, dass eine Energie, die wir in uns tragen, sich von uns abtrennt und entfernt.

Aus solcher Höhe betrachtet ist in gewisser Weise jede Geburt gleichbedeutend mit einem Fall, denn jede Lebensform muss dadurch, dass sie gezwungen ist, die schützende Matrix zu verlassen, von der sie entworfen wurde, unweigerlich die Ungewissheit der Trennung und des Herumprobierens erfahren, bevor sie lernen kann, Tritt zu fassen und eigenständig zu werden.

---

[13] *Alchemisten sprechen vom Prinzip Solve et Coagula, zu Deutsch Löse und Verbinde, wobei das Verbinde auch auf eine Verdunstung, d. h. eine Erhöhung hinweist.*

Aus diesem Blickwinkel wird klar, dass unsere Abkehr vom Göttlichen keineswegs die Folge eines Sündenfalls im schuldzuweisenden Sinne ist, sondern die Konsequenz eines Naturgesetzes, das letztendlich auf unser Wachstum durch Lernen abzielt. Den göttlichen Funken in uns wiederzufinden und zu befreien, läuft also darauf hinaus, uns aus freien Stücken in eine Dynamik des Einatmens hineinzubegeben, die uns der Quelle näherbringt.

Wenn wir mit unserer Lunge Luft ein- und ausatmen, ahmen wir auf unserer Ebene den Rhythmus nach, in dem die göttliche Präsenz auf allen Ebenen der Schöpfung von der feinstofflichsten bis zur grobstofflichsten zirkuliert, sich ausdrückt und sich verdichtet. Daher ist es so wichtig, gut zu atmen und uns immer mehr darüber bewusst zu werden, dass wir so die göttliche Schwingung, ihre immanente Wirklichkeit, in uns in Bewegung setzen.

Wer das erkennt, für den hat der Begriff des kosmischen Falls nichts Dramatisches. Wenn wir unseren göttlichen Aufstieg vergessen haben, ist das nicht schändlich, sondern einfach bezeichnend für eine Etappe unserer Entwicklung. Und wenn wir uns darüber bewusst werden, »vergessen« zu haben, ist das bereits ein Zeichen für das Ende unserer Abkehr oder unseres Gedächtnisverlustes.[14]

---

[14] *Dieser besondere Moment in unserer Entwicklung ist in Wirklichkeit analog zu einem Atemstillstand, bei dem unser Bewusstsein »Bilanz zieht« und den Sinn seiner Existenz erkennt.*

Was sollten wir in uns selbst befreien wollen, wenn wir noch nicht einmal mehr wissen, dass wir dort überhaupt »etwas« eingesperrt und weggeschlossen haben?

Der Fall im Fall

Es bleibt die Tatsache, dass auf dieser großen, unvermeidlichen Talfahrt das Geschenk der Freiheit noch einen weiteren Fall zur Folge hat: das Phänomen, das dafür sorgt, dass wir so viel Mühe haben zu erwachen und die Dinge selbst in die Hand zu nehmen.

Dieser Fall ist rebellischer Natur. Er hat mit Stolz, Anmaßung und Arroganz zu tun, von denen das Wesen bei der berauschenden Entdeckung seiner Eigenständigkeit gesteuert wird. So bringt die gigantische Dynamik der Freiheit auf der kosmischen Ebene den individuellen freien Willen hervor.

Dann wird Verleugnung zu Zurückweisung inmitten des Vergessens und dann weiter zu einem Vergessen in diesem Vergessen.

Ist dort die berüchtigte Sünde zu verorten, die im Zentrum des »Mea Culpa« steht? Manche würden sagen ja, aber diese Sicht der Dinge scheint mir allzu simpel.

Wenn unsere Rebellionen die Früchte unseres freien Willens sind und dieser freie Wille die Folge der Mechanik des Lebens ist, wie es uns geschenkt wurde, warum sollten wir sie dann als »Sünden« betrachten, die uns unerbittlich in einem dramatischen Kampf zwischen Gut und Böse gefangen halten?

Unsere Rebellionen in all ihren Ausdrucksformen sind eher der Ausdruck unseres Herumexperimentierens. Sie sind auch Werkzeuge unseres Wachstums, Gelegenheiten, die uns der Atem des Göttlichen schenkt, um auch die kleinsten Pfade des Lebendigen zu erkunden.

Uns wird völlig freie Hand gegeben, um Alles zu erkunden ... ein Alles, das sogar enthält, was das Nichts zu sein scheint.

Müssen wir nicht auch einmal die Erfahrung
des Erstickens gemacht haben,
um das Glück des Atmens wertzuschätzen?

Das Recht zur Rebellion

Die christlich Erzogenen unter uns werden kaum umhin kommen, hier an das berühmte Gleichnis des verlorenen Sohns zu denken. Bekanntlich endet es ja mit der »Heimkehr« des verlorenen Kindes, das seinen Vater geleugnet und vergessen hat - nur dass Verleugnung und Vergessen eher vom Göttlichen gesandte Entwicklungsinstrumente für unser Bewusstsein sind statt Kräfte, die auf unseren Niedergang aus sind.

So sind alle unsere individuellen und kollektiven Sündenfälle im Laufe der Zeit, all die Rebellionen unseres freien Willens letztendlich die Saatkörner unseres Aufstiegs.

Was wir als unsere Schattenseite betrachten, hat die Funktion, unserem Funken des Lichtes zu dienen und eine Sonne daraus zu machen.

Aber verändert diese Sichtweise nicht unsere Beziehung zu allem, was wir erlebt haben und noch erleben? Verändert sie nicht auch unser Verständnis und die Tragweite von allem?

Wir müssen wissen, dass Christus seine nächsten Jünger lehrte, dass »niemand die Gegenwart und die Wärme des Tages anerkennen kann, wenn er nicht durch die Nacht gegangen ist«. Und Er fügte hinzu, dass es an jedem Einzelnen lag zu entscheiden, wie lange der Weg durch seine Nacht dauern würde - mit demselben freien Willen wie dem, der ihn dorthin geführt hatte.

In Wahrheit sind wir heute genau an dem Punkt angekommen, an dem wir die Gelegenheit haben zu prüfen, wo wir in unserem Leben und in dem Leben stehen. Es ist genau der Moment, in dem wir unsere Beziehung mit uns selbst neu beginnen müssen, mit Dem, das in uns wohnt und auch außerhalb von uns zu sein scheint.

Um ehrlich zu sein, bedeutet all das eine weitere Rebellion auf unserem Weg hin zu unserem »Menschsein«, einem Bewusstseinszustand, den wir zweifellos nur ansatzweise kennen.

Aber diese neue Rebellion ist keine gegen die göttliche Ordnung an sich, sondern gegen die illusorische Ordnung der gegenwärtigen Welt, in der wir leben. Natürlich verlangt sie Mut und die Einhaltung bestimmter Prinzipien, die schon in sich selbst eine Art Training zur Deprogrammierung sind.

Die Herausforderung liegt darin herauszufinden,
ob wir einfach nur weiter über die Maya -
die Illusion, in der wir leben - diskutieren wollen
oder ob wir beschließen, uns wirklich zu bemühen,
aus ihr hinauszugelangen.
Denn uns selbst »absichtsvoll« mit einer vagen
Verurteilung dessen zu deprogrammieren, was uns
hypnotisiert und unterjocht, reicht nicht aus.
Wir brauchen konkretes Handeln in Form einer
strukturierten Erneuerung unserer Seinsweise.

Diese Erneuerung findet im Wesentlichen auf zwei Ebenen statt: auf der Ebene unserer mentalen Programmierung und auf der Ebene unseres zellulären Gedächtnisses.

8. Übung
Training zur mentalen Deprogrammierung

In diesem Sinne stelle ich Ihnen nun hier den ersten Teil des erneuernden, reinigenden »Speiseplans« vor, der einst den Studenten der Ärzteschule Alexandrias vorgesetzt wurde.

Wie Sie sehen werden, handelte es sich um einen Arbeitsplan aus vier Hauptphasen, wobei jede Phase aus einem kompletten Jahr bestand, in dem man innere Ordnung schuf und konkrete Anstrengungen unternahm.

In unserer Gesellschaft mit ihrem heutigen Rhythmus schlage ich allerdings vor, aus den vier Jahren vier Monate zu machen – was einer wunderbaren, tiefen Verwandlung aber nicht entgegenstehen wird.

Folgendermaßen ging diese innere Arbeit vonstatten ...

1) Der Student musste erst einmal Folgendes benennen können:
   - seine Ängste und Verspannungen
   - seine Übertreibungen
   - seine Schwächen

   Er musste sie nicht nur einfach seinem Ausbilder aufzählen können, sondern auch darüber sprechen können. Sie in Worte zu fassen, zwang ihn gewissermaßen zum »Großreinemachen« seines Egos, eine nicht gerade angenehme, aber wirkungsvolle Übung.

2) Dann wurde der Student aufgefordert, regelmäßig über seine »vorgefertigten Ideen« zu meditieren, die seine Kultur und seine Erziehung ihm unwissentlich eingeprägt hatten. Heute würden wir sagen, dass sein Ausbilder ihn bat, Abstand von den vorverdauten Meinungen zu nehmen, die er einfach von seinem Umfeld übernommen hatte.

3) Dieser Prozess der »Deformatierung« führte den Studenten im dritten Jahr zum Erlernen des Nicht-Verurteilens. Auf der Suche nach der Präsenz des Göttlichen in sich selbst sah man das – zu Recht – als absolut grundlegend an.

Ohne dieses klare Verständnis war keine Zwiesprache mit Allem vorstellbar. Es war eine unverrückbare Wahrheit ...

4) Als Nächstes wurde dem Studenten aufgetragen, sein »Glaubensbekenntnis« aufzuschreiben. Er musste darin genau sein Ideal und seine Absichten erläutern und seinen Willen bekräftigen, die neuen Maßstäbe in sich zu verankern, nach denen er sein Leben ausrichten wollte.
   Über den Papyrus, auf dem alles festgehalten worden war, musste dann sehr lange meditiert werden, bevor er schließlich in einer kleinen Zeremonie vergraben wurde.
   Alle drei Jahre grub man ihn wieder aus, damit der ehemalige Student ihn sich nochmals ansah und ihn als Erinnerung auf seinem Weg nutzte.

All das, was vor 2000 Jahren oder mehr galt, scheint mir auch heute noch zu gelten, denn mehr als jemals zuvor spüren immer mehr von uns in sich ebenfalls diesen Aufruf zum Wachsen. Deshalb kann ich Ihnen gar nicht genug dazu raten, diesen Prozess in Gang zu setzen.

Auch wenn Sie keine Ausbilder haben, wie es einst die Weisen in Alexandria waren, können Sie mit aufrichtiger Selbstverpflichtung beachtliche Fortschritte auf dem Weg der »mentalen Entrümpelung« machen.

Wie auch schon bei den vorherigen Übungen darf auch hier in diesem langen Prozess der Innenschau, Reinigung und Verpflichtung kein Schmierpapier verwendet werden. Sie brauchen dafür eines oder mehrere saubere Hefte, denn jede

Arbeit, die eine heilige Dimension hat, trägt nur dann Früchte, wenn sie respektvoll, klar und methodisch durchgeführt wird.

Ein Verstand, der sich selbst reinigen und seine Werte zurücksetzen will, muss unweigerlich zu einem Mindestmaß an Disziplin bereit sein, auch wenn sie ihm willkürlich vorkommt. Saubere, angemessene Arbeitsutensilien sind genauso wichtig und wegweisend, wie sich jeden Morgen zu waschen, bevor man den Tag beginnt.

Genauso, wie das Bewusstsein die Materie beeinflusst, kann die Materie das Bewusstsein bis zu einem bestimmten Grad »steuern«.

Unser Zellgedächtnis neutralisieren

Gehen wir jetzt zur zweiten Phase des erneuernden »Speiseplans« über, den die auszubildenden Ärzte der Schule Alexandrias zu befolgen hatten. Sie betrifft exakt das, was wir heute als Zellgedächtnis bezeichnen.

Natürlich gab es diesen Ausdruck damals nicht, da anders als heute der Begriff der »Zelle« in einem physischen Körper alles andere als bekannt und verbreitet war.

Dennoch war man in den Kreisen, die in die Mysterien des Lebens eingeweiht waren, wesentlich besser, als wir heute meinen, über die Existenz einer geordneten, intelligenten Struktur im Herzen des unendlich Kleinen im Bilde, die das

Gerüst jedes Körpers bildet. Um nur zu erwähnen, was offiziell anerkannt ist, war der Begriff des Atoms bereits mindestens 500 Jahre v. Chr. in Griechenland einigen Philosophen bekannt.[15]

Es sollte uns nicht weiter erstaunen, wenn jene, die sich in ihrem Studium mit den subtilen Funktionsweisen des Wesens befassten, die Idee eines Gedächtnisses der Materie akzeptierten.

Auch in der altägyptischen Antike wusste man schon sehr genau, dass jeder Teil des menschlichen Organismus von zahlreichen Informationen beeinflusst wird und diese auf unbestimmte Zeit speichert. Man wusste auch, dass diese Informationen natürlich physischer Art sein können (zum Beispiel Verletzungen), aber auch emotionaler, affektiver oder mentaler Art, und dass sie das Verhalten des Wesens unbewusst beeinflussen.

Mit diesem Wissen wurden bestimmte Techniken entwickelt, damit jemand, der aufrichtig die Befreiung des Lichtes in sich suchte, nicht länger der Spielball von Reaktionen oder Reflexen war, die sich seiner Kontrolle entzogen und ihn von seinem Ziel fernhielten.

Wer von uns hat mit ein bisschen Selbstbeobachtung noch nie entmutigt festgestellt, dass er »nicht anders kann als ...«, als hätten sein Körper oder Bereiche davon in bestimmten Situationen ihre eigene Autonomie? Damit stellt sich unweigerlich die Frage: Wie können wir irgendwie das Göttliche in uns erreichen, wenn ein Teil von uns - und

---

[15] *U. a. wurde er von dem Philosophen Anaxagoras erwähnt, der als Erster von der Existenz eines spirituellen Prinzips sprach, das er »Nous« nannte.*

auch noch der schwerfälligste – sich unserer Kontrolle entzieht?

Die Übung, die ich Ihnen jetzt vorstelle, soll die Lösung dieses Problems etwas einfacher gestalten. Sie ist sehr alt, hat sich aber ihren ganzen Sinn und Nutzen bewahrt, wenn sie regelmäßig wiederholt wird.

Idealerweise praktiziert man sie im Liegen bei sanftem Licht in einer friedlichen Atmosphäre.

9. Übung
Übung zur Befreiung der Zellen

1) Verschränken Sie als Erstes die Arme über Ihrem Bauch, mit dem rechten über den linken Arm, sodass Ihre rechte Hand auf Ihrem linken Beckenkamm liegt und Ihre linke Hand Ihren rechten Beckenkamm berührt. Atmen Sie frei, während Sie Frieden in sich entstehen lassen, und versuchen Sie, einen weißen Lichtstrom wahrzunehmen, der von Ihren Händen aus Ihre gesamte untere Körperhälfte durchflutet.
   Erzwingen Sie nichts ... Lassen Sie die weiße Energie sich von selbst bewegen, auch wenn Sie sie nicht besonders spüren. Lassen Sie sich Zeit ...

2) Verschränken Sie nun die Arme auf dieselbe Weise auf Ihrer Brust, mit dem rechten über den linken Arm. Dabei berühren die Finger Ihrer rechten Hand Ihre linke Schulter, während die Finger Ihrer linken Hand auf Ihrer rechten Schulter liegen.

Lassen Sie Ihre Atmung weiter frei fließen und lassen Sie wie zuvor einen weißen Lichtstrom durch Ihre Hände fließen, der sich in Ihrem Brustkorb ausbreitet. Erzwingen Sie auch hier nichts ... Bemühen Sie sich nicht, die sanfte Arbeit des Lichtes zu spüren. Lassen Sie es vertrauensvoll wirken, auch wenn Sie nichts davon wahrnehmen.

Bleiben Sie so lange so, wie Sie noch nicht das Gefühl haben, energetisch »vollgetankt« zu sein.

3) Legen Sie Ihre Arme wieder ruhig neben Ihren Körper.

4) Machen Sie sich bewusst, dass eine Strömung von Lebensenergie auf einer vertikalen Achse von Ihrer linken Schulter bis zu Ihrer linken Fußsohle verläuft.

   Steigen Sie mit geschlossenen Augen innerlich langsam an dieser Achse hinab wie ein Scanner. Dieses Hinabsteigen von der Schulter zum Fuß muss so bewusst und sanft wie möglich geschehen.

   Auf dem Weg kann es sein, dass Sie Punkte oder Bereiche spüren, die sich unangenehm anfühlen oder blockiert sind und Sie daran hindern, weiter mühelos hinabzusteigen.

   Halten Sie an jedem dieser sensiblen Punkte an und rufen Sie innerlich hinter geschlossenen Lidern für einige Momente die Präsenz einer schönen Sonne oder eines klaren, lebendigen Wasserstrahls herbei.

5) Verfahren Sie genauso mit Ihrer rechten Körperseite, da dort natürlich analog eine weitere vertikale Achse existiert.

6) Zentrieren Sie sich dann auf einer dritten energetischen Achse, die an Ihrem Hals beginnt und zu Ihrem Schambein führt.
   Führen Sie dort denselben inneren »Scanvorgang« von oben nach unten durch, indem Sie auf dieselbe Weise bei allen blockierten Punkten innehalten, die Sie eventuell dabei bemerken.

7) Nun ist der Moment gekommen, um einen Regen aus Licht- oder Goldtropfen zu visualisieren oder zu spüren, der auf Ihren ganzen Körper fällt.
   Lassen Sie ihn ganz bewusst wie eine regelrechte Dusche auf Sie herabregnen, die erholsam und beruhigend zugleich ist. Lassen Sie sich alle Zeit, um seine Präsenz willkommen zu heißen und zu »genießen« ...

8) Vergessen Sie nicht, sich dann einige Momente Zeit zu nehmen, um der Welle des Göttlichen für das Werk der Heilung zu danken, das in Ihnen begonnen wurde.
   Es ist ein bedeutsamer, kostbarer Moment, der der »Brücke« zwischen Ihnen und Ihrem Herzen gewidmet ist ...

Die Bedeutung des Einsseins

Vielleicht noch mehr als in den bisherigen Übungen sorgen Sie mit Ihrer inneren Präsenz dafür, dass die Übung ihren heilsamen Nutzen entfaltet. Ich rede nicht von »Effizienz«, ein Wort, das eher an »Rendite« denken lässt.

Unser Bestreben - auch wenn es in gewisser Weise eine persönliche Herausforderung in unserer zerstreuten Gesellschaft ist - sollte nicht mit irgendwelchen Leistungsgedanken einhergehen. Es gibt keinen Gegner und noch nicht einmal ein Hindernis auf unserem Weg, wenn wir den Sinn dieses Weges wirklich verstehen.

Wir haben nichts zu erobern, sondern einfach Türen zu durchschreiten ... die so weit geschlossen oder geöffnet sind, wie einfach und wahrhaftig wir vor ihnen stehen. Seien wir wahrhaftig und vertrauensvoll - und wir werden niemals das Gefühl haben, uns verbiegen zu müssen, um die Schwelle zu überschreiten.

Haben Sie in Ihrem Leben noch nie das Gefühl gehabt, bestimmte Dinge mit einem Mal verstanden zu haben, ohne überhaupt zu wissen, wann oder wie Sie dahin gelangt sind? Eines Tages haben Sie ganz einfach erkannt, dass Sie irgendetwas nicht mehr auf dieselbe Weise sehen und etwas, das für Sie bisher ein Problem war, nicht mehr die geringsten Fragen bei Ihnen aufkommen lässt.

Bei dem inneren Wandel, den wir anstreben, ist es genau dasselbe. Wir wollen nicht die Dualität und Zerstreuung bekämpfen, die buchstäblich in unsere Gene eingeschrieben ist und die wir gerne immer wieder nähren und weitergeben.

Im Gegenteil wollen wir uns selbst entwaffnen und mehr Raum in uns schaffen - denn inmitten einer gewissen »Leere der Errungenschaft« beginnt das »Volle des Göttlichen« sich zu manifestieren. Dann erhält der Begriff des Einsseins seine volle Bedeutung, denn es wird ohne Worte erfahren.

Es prägt uns bis hinein in unser Fleisch und vermählt es mit der Essenz von Allem, was ist.

Advaïta ist die vollkommene, absolute Abwesenheit von Grenzen, die sich von selbst offenbart, wenn es zwischen dem Göttlichen und dem, was bislang »unser kleines Wir-Selbst« war, nicht mehr den geringsten Unterschied gibt.

Advaïta bedeutet jedoch nicht, das Göttliche von uns selbst zu befreien – was unseren Zustand des Getrenntseins noch verlängern würde –, sondern Es in uns selbst zu befreien.

Mit anderen Worten und so weit Worte uns hier dienen können, ist Advaïta Das, was entdeckt wird, wenn der uralte Damm aller unserer Widerstände auf allen unseren Ebenen in sich zusammenstürzt und die Welle des Göttlichen sich in »uns« ausbreitet.

Wir müssen verstehen, dass diese Welle nicht von uns verlangt, dass wir uns von dem befreien, was wir von uns oder unserem Ego wahrnehmen, und es dabei gleichzeitig auch noch verwandeln. Ihr Ziel ist es vielmehr, durch unser Wesen mit allen Ausdrucksformen des Lebens Zwiesprache zu halten.

Mir ist bewusst, dass dieses Ziel den allermeisten von uns unverhältnismäßig vorkommen kann. Aber wenn diese Unverhältnismäßigkeit Angst macht und entmutigt, dann genau deshalb, weil wir unser Ziel nur in einem zeitlichen Zusammenhang sehen, der mit unserer Lebensweise, unseren vergänglichen Werten und vor allem unseren Reflexen verbunden ist.

Wir haben ab dem Moment Angst, an dem wir uns mit Allem messen - dabei ist es gar nicht möglich, sich mit Allem zu messen.

Es sollte allein darum gehen, Es in uns wirken zu lassen, da Es unsere eigene Essenz ist. Denn ich sage es nochmals: Gerade unsere mentale Einfachheit - diese Kraft, die Spontaneität und Vertrauen erzeugt -, sorgt dafür, dass wir Fortschritte machen.

Unser Grundproblem ist, dass wir krankhaft fürchten, uns »innerlich zu entblößen«. Der Grund dafür ist - wie ich schon oft betont habe - unser Mangel an Bescheidenheit - und letztendlich an Intelligenz, denn erst durch die Entdeckung der Einfachheit im nativen Zustand kann Alles in uns selbst zur Einheit finden.

Zu viele Menschen leben oder versuchen zu leben, ohne zu ahnen, dass sie das Leben verpassen!

Sind wir wie sie? Vielleicht müsste man die Frage einmal definitiv klären. Es liegt an jedem Einzelnen, selbst darüber zu entscheiden.

Die Pixel unseres Lebens

Aus vielen Vertraulichkeiten und Hilfegesuchen weiß ich, dass viele von uns oft nachts oder früh morgens zu bestimmten Zeiten mit starkem Druck auf der Seele und auf dem Herzen aufwachen.

Diesen Menschen scheint das Leben aus einer Aufeinanderfolge von unüberwindlichen Hindernissen zu bestehen und deshalb eine unendliche Sorgenquelle zu sein. Alles oder fast alles wird bei ihnen zum überdimensionalen Problem. Finanzen, Liebe, Freundschaften, Arbeit, Aussehen, jeder Aspekt ihrer Existenz färbt sich schwarz, sodass sie nicht wieder einschlafen können.

Ich bin übrigens davon überzeugt, dass einige von Ihnen, die dies hier gerade lesen, sich in der Beschreibung dieser nächtlichen Symptome wiederfinden. Sie spiegeln wider, was ich die »Formatierung zur Unsicherheit« nenne.

Ich erwähne dieses Phänomen, weil es mir charakteristisch für diese Art von beängstigender und mitunter sogar Panik auslösender Zersplitterung zu sein scheint, die unsere Persönlichkeiten im Ozean der Inkarnationen erleben.

Tatsächlich sind wir »genetisch und kulturell darauf geprägt«, uns selbst und die Welt bruchstückhaft wahrzunehmen. Wir sind also nur unter großer Mühe fähig, das, was sich uns zeigt, auf eine einende, gesunde, objektive und damit konstruktive Art und Weise zu betrachten.

Es gibt immer oder fast immer eine Kraft in uns, die irgendwoher auftaucht und beschwerend auf uns wirkt, statt uns an Höhe gewinnen zu lassen, um, wie wir bereits gesehen haben, die Wolkendecke zu durchdringen.

Kurz und modern ausgedrückt fixieren wir uns also auf unsere eigenen Pixel[16] und auf die Pixel unseres Lebenszusammenhangs statt auf die Wahrnehmung des Göttlichen über sein Gesamtwerk.

Genau von diesem Blick mit der Lupe, diesem gewissermaßen kurzsichtigen Blick, müssen wir uns heilen. Denn die Anordnung der Pixel, die sich in uns gruppieren, um über ein bestimmtes Bild des Lebens und unserer Person zu entscheiden, ist keinesfalls die absolute Wirklichkeit, sondern eine Illusion, die von unserem kollektiven Teamwork und seinem alles auseinandertreibenden Wirbelsturm erschaffen und aufrechterhalten wird.

Machen wir es uns in sehr einfachen, heutigen Worten klar: Das Göttliche in uns selbst wiederzufinden und sprechen zu lassen, zum Einssein zurückzukehren, bedeutet, nein zur Zersplitterung unseres Bewusstseins oder zur »Verpixelung« unseres Wesens zu sagen.

Deshalb ist für uns die Befreiung unseres Kopfes und unserer Zellen von ihren verhängnisvollen Reflexen und Erinnerungen eine unerlässliche Aufgabe, die nur von der Intelligenz unseres Herzens gelenkt werden kann.

---

[16] *Ein Pixel kann als »Bildelement« definiert werden. Die viereckig geformten Pixel sind winzige Elemente, die in der Technologie kunstvoll zusammengefügt werden, um ein mehr oder weniger hochauflösendes Bild zu erzeugen.*

Das innere Auge

Aber was genau ist diese Intelligenz des Herzens, auf die wir uns immer berufen, wenn wir uns der Seelenhöhe bewusst werden, nach der wir streben?

Ich glaube, dass sie insgesamt und ultimativ die Kraft der versöhnenden Klarsicht ist.

Sie ist die Kraft, die Konflikte löst, allein dadurch, dass sie sich auf die Wahrnehmung des Schönen konzentriert. Man wird mich darauf hinweisen, dass der Begriff der Schönheit relativ ist, weil er Kulturen und Modetrends unterliegt. Das stimmt, aber diese Schönheit meine ich nicht; ich spreche vom archetypischen Schönen, einem Prinzip, das in allen Dingen und Wesen wohnt und das – und wenn auch nur für einen Augenblick – mehr von Liebe als von »Know-how« kündet.

Es scheint, dass unsere menschlichen Kulturen dieses Schöne ziemlich vergessen haben. Denn uns wird beigebracht, es nicht zu sehen und es daher in unserem Leben keine Rolle spielen zu lassen.

Tatsächlich folgt diese »Unsichtbarkeit« des Schönen einer gewissen Logik, denn die Bewegung des Sündenfalls, die uns alle mit sich gerissen und zur Komplexität hingezogen hat, ist eine Zentrifugalbewegung, während die Bewegung, zu der das Schöne einlädt, zentripetaler Natur ist. Erstere stößt ab und schafft weg, zweitere zieht an und bringt näher.

»Das wahre Leid der Seele«, hat einmal der Mahavatar Babaji zu mir gesagt, »entspringt größtenteils aus ihrer Unentschlossenheit. Ihre Wurzel ist die Nichtwahl zwischen Zerstreuung und Sammlung.«

Damit wollte er sagen: Solange das Bewusstsein eines Wesens sich von der Spirale der Komplexität absorbieren lässt, sich also nicht klar für den einenden Blick entschieden hat, gelingt es ihm nicht, sich wirklich sich selbst zu nähern und so zur Befriedung zu finden.

Aber kommen wir noch einmal auf das Prinzip des archetypischen Schönen zurück, da es die Eigenschaft hat, uns wieder auf das Einfache zu konzentrieren.

Um hier konkreter zu werden, werde ich als Beispiel das Tintenfass nehmen, das auf meinem Schreibtisch steht. Es ist das gläserne Tintenfass, in das ich hundertmal am Tag meine Schreibfeder eintauche.

Wenn ich es aufmerksam betrachte, sehe ich, dass es mit einer kleinen Einkerbung versehen ist, in die einst ein Metallplättchen eingefügt war, die als Halterung der Schreibfeder diente, wenn sie nicht in Gebrauch war. Ein belangloser Gegenstand also.

Wenn ich das Tintenfass allerdings mit den Augen meines Herzens betrachte, bemerke ich, dass das kleine Metallplättchen aus Zinn ist, aber vor allem, dass es fein ziseliert und mit hübschen Motiven in Form von Bordüren verziert ist.

Dann sage ich mir, dass es das Talent eines Künstlers gebraucht hat, um so etwas anzufertigen. Es hat jemanden gebraucht, der sich wahrscheinlich stundenlang über seine Arbeitsplatte gebeugt hat, um diese Motive zu entwerfen und aufzubringen. Es hat nicht nur Talent gebraucht, sondern vor allem Liebe, denn so bescheiden das Kunstwerk auch ist, so ist es in jedem Fall Teil eines Herzensimpulses, einer harmonischen Vision.

Ich stelle mir also, und sei es auch nur für eine Sekunde, gerne den Künstler bei der Arbeit vor, und denke dankbar an ihn.

Ist das albern? Ich glaube nicht, denn diese einfache Seelenbewegung wird mein Wesen hin zum Prinzip der Vereinigung lenken.

Aber ich halte mich damit nicht weiter auf, denn ich habe mein Schreibgerät in der Hand. Es ist ein Gänsekiel, der auf einen kunstvollen Aufsatz montiert ist. Auch er verdient mein Interesse. Es vergeht kein Tag, an dem ich ihn nicht ein paar Sekunden lang betrachte, bevor ich ihn in die Hand nehme.

Wie mein Tintenfass, das keinen besonderen Marktwert hat, ist auch er auf seine Weise ein kleines Kunstwerk. Mit seinen Verzierungen und winzigen eingravierten Blüten hat es Liebe für seine Anfertigung gebraucht. Und Liebe ist niemals banal.

Alles ist eine Frage der Aufmerksamkeit, aber auch der inneren Einstellung. Ich könnte all das gar nicht sehen – und doch entscheide ich mich dafür, es zu sehen, weil es mir wichtig erscheint. Wenn ich nicht einfach über etwas hinweggehe, was aus Liebe hervorgegangen ist, so bescheiden es auch sein mag, sondern mich im Gegenteil damit befasse, bedeutet das, dass ich meine Seele subtil und ganz konkret dazu ermuntere, an Höhe zu gewinnen.

Ich möchte Sie deshalb bitten, auch einmal die Erfahrung einer solchen Übung zu machen. Sie werden dabei ohne Weiteres ein erhebendes Gefühl feststellen. Dafür eignen sich zahlreiche Dinge in Ihrer Umgebung – zum Beispiel die Ziermotive auf einem Teller oder einer Dose, die Ästhetik einer Nachttischlampe, einer Vase, eines Bilderrahmens, ja sogar der Deckel dieses Buches, das Sie in den Händen halten. Auch er wurde mit Liebe gestaltet.

Jeder Alltagsgegenstand ist unweigerlich aus einem Herzensimpuls heraus entstanden und kann dazu beitragen, dass Sie sich selbst – Ihrer göttlichen Quelle – näherkommen.

Natürlich können Sie diese Bewusstmachung auch auf Musik, Düfte, Aromen, Berührungen und vieles mehr ausdehnen. Ihrer Fantasie sind keine Grenzen gesetzt!

Sie müssen dafür auch keine bestimmte Technik beherrschen. Nur ein bisschen guter Wille ist gefragt, um unsere Fähigkeit zum Staunen wiederzuentdecken, die der Nährboden des aufkeimenden Bewusstseins ist.

Dabei geht es um eine »Geisteshaltung«, mit der wir uns vertraut machen sollten. Sie hat auch den Vorteil, einen einfachen Reflex in uns zu neutralisieren, der uns nur allzu oft unzufrieden macht und auf andere schimpfen lässt. Sie erinnert uns daran, dass unsere Welt nicht nur eine Welt der Schwierigkeiten, der Dualität und des Schattens ist, sondern genauso auch eine Welt voller Schönheit, die überall zu finden ist.

Tatsächlich ist diese Art und Weise, uns an den sonnigen, wenn auch unauffälligen Details unserer Existenz aufzuhalten, nützlicher, als es scheinen mag, um uns abzugewöhnen, uns ständig auf die ärgerlichen, belastenden Aspekte unseres Alltags zu konzentrieren.

Die Fähigkeit zum Staunen ist immer eine Quelle neuer Entdeckungen. Sie führt uns nicht nur zur Anerkennung des Schönen in unserer Welt, sondern bringt uns auch dazu, den unendlichen und unendlich schönen Raum zu erkennen, den wir in uns tragen.

Unsere Seele, unser Herz und unsere Zellen zu entgiften, das ist das Versprechen, das wir uns alle selbst geben sollten ...

Dazu braucht es weder Talent noch besondere intellektuelle Fähigkeiten, sondern feste Entschlossenheit. Diese kann nur aus der immer klareren Erkenntnis entstehen, was letztendlich das Ziel unserer Geburt oder eher unserer Geburten in dieser Welt ist.

Dieses Ziel lautet, die Göttlichkeit in unserem Wesen von ihrem Knebel zu befreien.

Viele von uns haben das Gefühl, unfähig zu so einer Aufgabe zu sein ... während andere wiederum der Überzeugung sind, dabei ganz hervorragend abzuschneiden.

Ihre überbordende Begeisterung – oder sollte ich sagen ihr »ungezügelter Mystizismus«? – treibt sie dazu, ihre Göttlichkeit und Erleuchtung in alle Richtungen hinauszuposaunen. Was allerdings nur dazu führt, dass sie damit der gesamten spirituellen Bewegung einen Bärendienst erweisen.

Der Fieberwahn der menschlichen Seele ist also genauso zu fürchten wie ihre Abstumpfung. Auch hier liegt der richtige Weg gewiss in einem ausgewogenen Verhältnis aus Geduld und Zielstrebigkeit.

Die Baustelle der Entmutigten

Kommen wir aber noch einmal auf die nur allzu Zahlreichen zu sprechen, die beim Anblick ihrer »inneren Baustelle« den Mut verlieren, den es braucht, um sich wirklich dem Licht zuzuwenden.

Bei vielen Schilderungen dieser Menschen habe ich festgestellt, dass die meisten von einem Gefühl des Ausgeliefertseins geplagt werden. Es ist, als hielten sie sich selbst für unfähig, die ausgetretenen Pfade ihrer Ängste und die dadurch immer wieder neu entstehenden Hindernisse zu verlassen.

Ein Buch wie dieses wendet sich größtenteils an sie, weil das Gefühl des Ausgeliefertseins und der Ohnmacht einen »Faltenwurf« der Seele und der inkarnierten Persönlichkeit zur Folge hat. Wir alle haben diesen Zustand dann und wann schon einmal erlebt.

Dieser »Faltenwurf« führt leicht dazu, dass wir uns als Opfer fühlen oder zumindest als zu kleiner oder zu unbedeutender Mensch, um auf transzendentale oder einfach erhebende, weil beruhigende und tröstende Erfahrungen zu hoffen.

Das Wort »tröstend« finde ich persönlich sehr wichtig, denn im Trost liegt auch Versöhnung. Aber mit wem oder was sollten wir uns versöhnen? Denn Versöhnung braucht man ja eigentlich nur, wenn man wütend ist ...

Wenn wir ein bisschen nachhaken, läuft es praktisch immer auf dieselbe Antwort hinaus: wütend auf »den da oben«, auf das Leben, auf eine höhere Macht, der wir offensichtlich völlig gleichgültig sind. Wir nehmen ihr das übel, weil sie uns nicht all das gibt, auf das wir ein Anrecht zu haben glauben.

Wer von uns hat noch nie dieses Ungerechtigkeitsgefühl in sich selbst oder bei anderen festgestellt?

Natürlich kann es nur vorübergehend sein, aber wenn es sich in der Persönlichkeit festsetzt und sie festnagelt, aus ihr eine Art Brutstätte aus Frustrationen und ein ewiges Opfer macht, dann haben wir es mit einem wahren Virus zu tun, dessen Ausbreitung gestoppt werden muss.

In solchen Fällen frage ich immer gerne: »Sie beklagen sich darüber, dass Sie vom Leben nicht bekommen, wozu Sie glauben ein Anrecht zu haben, aber was tun Sie selbst, um diesem Leben zu geben, was ihm zusteht?«

Mit anderen Worten bedeutet das: »Sind Sie großzügig zum Leben?« Oder auch: »Können Sie jemandem oder etwas *wahrhaft* spontane, nicht berechnende Liebe zeigen?«

Folgendes müssen wir verstehen: Wir feilschen nicht mit der Strömung des Lebens oder, wenn Sie so wollen, mit der Welle des Göttlichen.

Wir versenken uns in Ihre Bewegung und machen uns bewusst, dass Sie keine Einbahnstraße ist, sondern ständiger Austausch, und es deshalb an uns liegt, Sie weiter zu nähren.

Austausch bedeutet Einatmen und Ausatmen, zwei der wichtigsten »Brennstoffe« des universellen Motors.

Wir investieren nicht in »Gott« oder in das Göttliche mit dem Ziel, uns davon zu nehmen, was uns unserer Meinung nach zusteht. Wir leugnen Es auch nicht, wie um Es zu bestrafen oder das anscheinend ungerechte Leben sozusagen subtil zu erpressen. Eines muss uns klar sein: Das Leben ist nicht gerecht, es ist exakt.

Die Lösung unserer Probleme liegt immer in uns selbst und nicht im guten Willen einer äußeren Macht, die belohnt, ignoriert oder bestraft.

Wenn wir unsere »guten Absichten«, unsere »Vaterunser« und unsere »Ave-Maria« als Münzen betrachten, die wir täglich in einen »kosmischen Spielautomaten« werfen, von dem es heißt, dass er uns zwangsläufig irgendwann gewinnen lassen wird - dann haben wir nichts von dem Spiel verstanden.

Die Präsenz des Göttlichen zeigt sich immer dann großzügig mit uns, wenn wir Sie in uns wissen, wenn wir Sie fühlen und wenn wir gelernt haben auszudrücken, was wahre Großzügigkeit gegenüber dem Lebendigen ist.

Im Grunde müssen wir verstehen, dass das weitverbreitete Virus der Frustration und der »Opferitis« eingedämmt werden kann, wenn wir ein sehr einfaches Prinzip verinnerlichen. Dieses Prinzip lautet:

Geben Sie, und Sie werden Ihrer Gabe entsprechend empfangen. Nähren Sie die Strömung des Lebens in sich, und Sie werden von Ihr genährt ... nicht, weil Sie Sie belohnen will, sondern weil Sie sich in Ihr wiedererkannt haben, weil Sie und Sie nun derselben Atmungswelle angehören. Advaïta beginnt genau hier ...«

Zahlreiche Seelen mit einer »inneren Baustelle« können in diesem Prinzip das Mittel finden, um einen Großteil ihrer Irrfahrten zu beenden.

Und auch sehr viel Mutlosigkeit an Gewicht verlieren, wenn wir das Naturgesetz, das in diesem Prinzip zum Ausdruck kommt, verstehen und in die Tat umsetzen.

Dieses Naturgesetz besagt klar und deutlich, dass das inkarnierte Bewusstsein mit dieser Richtungsentscheidung die Kraft finden kann, sich aus dem Teufelskreis seiner Frustrationen zu befreien.

Entschlossenheit zur Entspannung

Und wieder stehen wir, wenn auch über einen anderen Weg, vor derselben Tür der Entscheidungen. Aber eigentlich sollte ich sagen der Entscheidung, also des Willens.

Hier sollten wir kurz innehalten, denn ich habe immer wieder festgestellt, dass der Begriff des Willens missverstanden wird. In diesem Zusammenhang ist er sogar unsinnig. Oft denken wir nämlich, dass der Wille immer auch eine innere Anspannung oder Verkrampfung bedeutet. Aber da irren wir uns.

Auf dem Weg, den wir eingeschlagen haben, ist der Wille vor allem gleichbedeutend mit der Treue zu einer eingegangenen Verpflichtung. Er bedeutet auch Entschlossenheit ... Aber entschlossen zu sein und einer fundamentalen Bewusstwerdung treu zu bleiben bedeutet nicht, das sage ich nochmals, Waffen (wie subtil auch immer) gegen den Teil unseres Selbst zu erheben, auf den wir weniger stolz sind, weil er uns zur Wiederholung unserer Fehler treibt.

Bei dem Willen, von dem ich hier sprechen möchte, geht es aber darum, das Loslassen zu kultivieren, dieses Loslassen, diese Entspannung von Seele und Körper, die wir so sehr brauchen. Es geht um eine Fähigkeit, die uns im Westen kaum beigebracht wird und uns die Vorzüge der Akzeptanz des jetzigen Augenblicks lehrt.

Verstehen Sie mich aber bitte nicht falsch: Diese Wesenseinstellung hat nichts mit Fatalismus zu tun. Ganz im Gegenteil zeugt sie von einer freiwilligen, reifen Haltung der Seele, die versucht, die Richtigkeit ihrer Erfahrungen wahrzunehmen.

Nur Stetigkeit in unserer Verpflichtung lässt uns zu einem bestimmten Zeitpunkt den makellosen Punkt »unseres Selbst« entdecken, der in der Akzeptanz und in der »Entspannung« des gegenwärtigen Augenblicks besteht.

Und so offenbart sich die Bedeutung der Wiedervereinigung als zentraler, beständiger Raum im Herzen der unermesslichen Dynamik des Lebens.

5. Kapitel

MYTHOS UND REALITÄT DER RÜCKKEHR ZUM SELBST

Leitplanken eines gewundenen Weges

Nun, da unser Weg zwar etwas gelichtet wurde, was die wichtigsten Konzepte betrifft, die ihn säumen, und wir etwas mehr Werkzeuge zur Verfügung haben, um sie zu verinnerlichen, sollten wir allerdings nicht glauben, alles verstanden zu haben, was es Wichtiges zu verstehen gibt ...

Dadurch, dass wir an Höhe gewonnen haben, konnten wir uns zwar einen Überblick über die gesamte illusorische Konstruktion verschaffen, in der unsere Spezies dahindämmert. Aber unsere ersten wahren, befreienden Flügelschläge könnten durchaus noch für Überraschungen sorgen.

Die Weisheit eines alten Mythos

Wer kann sich nicht an den berühmten Mythos von Ikarus erinnern? Um aus dem Labyrinth zu gelangen, in dem er gefangen ist, fertigt der Held sich Flügel aus Federn und Wachs an. So hofft er, nicht mehr dem unbarmherzigen Minotaurus ausgeliefert zu sein. Doch trotz der Warnungen seines Vaters Dädalus, des Architekten des Labyrinths, kommt Ikarus, berauscht von seinem Flug, der Sonne zu nahe ... Das Wachs seiner Flügel schmilzt schnell dahin, und der Vogel-Lehrling, zu dem er geworden ist, stürzt ins Meer und ertrinkt.

Was für eine vielsagende Allegorie diese kleine Geschichte doch ist, die mitunter auch in Kinderbüchern zu finden ist!

Sie enthält klar die vier klassischen Elemente unserer Welt: Die beschwerenden, primären Energien der Erde werden vom Stier des Königs Minos verkörpert, während die befreienden Energien der Luft Ikarus den Weg hinaufweisen.

Die Sonne wiederum verkörpert klar das göttliche Feuer, das zugleich das zu erreichende Ideal und die »höchste Gerechtigkeit« ist.

Und die Gegenwart des Wassers schließlich symbolisiert die emotionale Matrix, in die der Mensch leicht fallen und in der er sogar versinken kann ...

Wenn wir all das entschlüsseln, erkennen wir, dass Ikarus' Geschichte eine Geschichte des Hochmuts, der Anmaßung, der Unreife und der Unbewusstheit ist, denen wir alle auf unserem Weg zu uns selbst begegnen.

So bringt der Mythos von Ikarus die Bewusstseinssphären ans Licht, durch die jedes Wesen hindurch muss, wenn es erwachen will.

Jede davon ist eine Falle für die inkarnierte Persönlichkeit, ein Hindernis, das jeder von uns auf seinem Weg lernen muss zu überwinden.

Darauf komme ich nun zu sprechen, denn die dicken Wolken des Egos sind zwar recht einfach zu erkennen, nicht aber die subtilen, tückischen Nebel, die sich mit zunehmender Höhe daraus lösen können.

Über diese Nebel müssen wir Bescheid wissen, denn sie stören den inneren Kompass desjenigen, der viel zu früh glaubt, er habe fliegen gelernt.

Sie bringen in gefährlicher Weise seinen »Höhenmesser«, seine Klarsicht, durcheinander.

Um es kurz zu machen, müssen wir uns bewusst sein, dass die Reise, die von uns selbst zum Selbst führt, keine Direktverbindung ist. Sie verläuft nicht geradlinig.

Sie enthält Pausen, Änderungen des Flugplans, Umstiege, Gepäckverluste und mitunter sogar Notlandungen.

Diese Wechselfälle sind das Schicksal jedes Pilgers. Über sie informiert zu sein, ist also überaus wichtig.

Glauben Sie mir, dass ich hier nicht die Begeisterung zunichtemachen will, die mit den ersten echten Erfahrungen spiritueller Natur einhergeht. Diese Begeisterung ist wichtig und ein Geschenk.

Ich möchte nur darauf hinweisen, dass ein Geschenk auch ein Test sein kann. Es kann von der Intelligenz des

Göttlichen dazu genutzt werden, die Reaktionen unserer Persönlichkeit ans Licht zu bringen und uns mit uns selbst zu konfrontieren. Seine Absicht ist, uns wachsen zu lassen. Seine Absicht ist nicht, uns Wachstum simulieren zu lassen!

Wir alle sind Schauspieler in dieser Welt ... Aber wenn diese Schauspieler anfangen, gleichzeitig zu Zuschauern zu werden, die sich vom Glanz oder von den »Special Effects« ihrer eigenen Rolle blenden lassen, dann verheddern sie sich mit den Füßen im Bühnenvorhang!

Ich erinnere mich an eine Anekdote. Sie trug sich zu, als ich sieben oder acht Jahre alt war. Während eines Urlaubs auf dem Land hatte ich mich zusammen mit einem Jungen meines Alters in einen Obstgarten aufgemacht. Die Bäume hingen voller Äpfel, sodass wir der Versuchung nicht widerstehen konnten, nach ihnen zu greifen, nicht so sehr, um sie zu essen, sondern aus Spaß daran, sie zu pflücken und uns so ein wenig über unsere Situation als Kinder hinwegzusetzen.

Irgendwo auf der Wiese lag eine alte Holzleiter herum. Mein Spielkamerad entdeckte sie und lehnte sie prahlerisch an den Stamm eines der verlockenden Apfelbäume.

Doch leider war der Junge nicht gerade ein Leichtgewicht. Und leider hatten die Sprossen der Leiter ihre beste Zeit auch schon hinter sich. Alain, so hieß er, landete daher schon kurze Zeit später mit einer zerkratzten Wade rücklings zwischen den Pusteblumen. Eine Sprosse war ganz offensichtlich unter seinem Gewicht zusammengebrochen.

Es ist eine banale Geschichte, die sich Millionen Mal überall auf der Welt und in allen Jahrhunderten ereignet ...

Sie ist so unbedeutend, dass wir meistens vergessen, dass wir sie selbst erlebt oder mitangesehen haben.

Ich erinnere mich aber deshalb an sie, weil sie unter ganz bestimmten Umständen in mir »wiederbelebt« wurde. Diese Umstände führen uns einmal mehr zu Babaji und einer seiner Versammlungen, zu denen er mich im Laufe der Jahre eingeladen hat.

Diesmal saß ich ihm allein auf dem Boden gegenüber, an einem schwer beschreibbaren Ort, der an einen »lichten Wald« denken ließ.

Die Unterweisung, die er mir gab, handelte genau von dieser Mühe, die wir Menschen-Lehrlinge immer wieder damit haben, unser »egoistisches Fett« zum Schmelzen zu bringen, ein von ihm stammender Ausdruck, der uns aber durchaus an ein gewisses »schlechtes Cholesterin der Seele« erinnert, das Meister Morya aufgezeigt hat.

»Sieh«, sagte er zu mir und legte dabei einfach einen Zeigefinger zwischen meine Augen. »Erinnerst du dich ...?«

In diesem Moment fiel mir die ganze Geschichte mit dem Obstgarten, der morschen Leiter und dem »pummeligen Alain« wieder ein.

»Ach ja! Das hatte ich ja schon seit Ewigkeiten vergessen!« Nicht vergessen ... zur Seite gelegt«, bemerkte Babaji. »Ich habe diese Erinnerungen wieder an die Oberfläche deines Gedächtnisses steigen lassen, weil sie als Grundlage für eine Art Gleichnis dienen könnten, dessen Schlussfolgerung diese wäre:

Auf allen Wiesen aller Welten enthält jeder Sturz seine Lektion und erinnert uns daran, auf welcher Sprosse unserer Leiter wir uns befinden.

So ist es mit der Seele und dem Körper. Die Persönlichkeit, mit der sie sich bekleidet, sammelt oft viel zu viel Gewicht an. Sie lagert Fett ein. Sie zieht es an und bewahrt es, bis sie sich vollständig daran gewöhnt und es sich zu eigen gemacht hat.

Und so wird auch die Seele, die sich erhebt, um von der Freude zu kosten, sich selbst in der Höhe zu betrachten, schnell an die Wirklichkeit ihrer Schwere erinnert.

Ebenso wird niemand sich aus dem Inneren erheben, wenn das Werkzeug seines Aufstiegs das Gesicht der Inkonsequenz trägt.

Seht euch an, besucht euch selbst, seid ihr selbst, seid nicht neidisch auf irgendetwas oder irgendjemanden, dann wird euer Wesen leichter werden …«

Wenn ich heute an diese Unterweisung zurückdenke, sage ich mir, dass wir gewiss nicht genug auf die Höhen und Tiefen achten, die wie Wildblumen den Weg zur Vereinigung säumen.

Die Straßen des Erwachens

Die Anfänge dieser Reise, wenn sie bewusst und freiwillig stattfindet, zeichnen sich im Allgemeinen durch außergewöhnliche Entdeckungen aus. Wir lernen dabei zahlreiche Dinge feinstofflicher Natur, und die Empfindung der Offenbarung wird zur Gewissheit.

Es ist eine magische Zeit, in der wir eindeutig und freudig beobachten, wie eine Art Schleier in uns zerreißt. Dann erklären wir, unsere Richtung gefunden zu haben, unserer »Seelenfamilie« wiederbegegnet zu sein und uns auf dem Weg zu unserer Befreiung zu befinden.

Natürlich wissen wir nicht – außer in der Theorie –, dass unser Ziel weder vor noch über uns liegt, sondern in uns.

Mangels Erfahrung und mitgerissen vom emotionalen Aspekt unserer Entdeckungen hatten wir noch nicht die Zeit zu verstehen und zu verinnerlichen, dass wir aufsteigen, indem wir absteigen.

Meistens sind wir von der transzendentalen Geradlinigkeit unseres Weges überzeugt, dabei befinden wir uns in Wirklichkeit immer nur an einem Kreuzweg in uns selbst. An einem zweifellos wichtigen Kreuzweg, aber dennoch einem Kreuzweg mit Entscheidungen, die zu treffen sind, und all den Versuchen, Irrtümern und Prüfungen, die das zur Folge hat.

Folglich müssen wir sämtliche Entwicklungen erleben, also alle Straßen beschreiten, auf die wir treffen werden.

Jeder auf seine Weise und in seinem Rhythmus werden wir uns je nach unserer Persönlichkeit und unserem Gepäck veranlasst sehen, sie zu bereisen.

In keiner besonderen Reihenfolge sind hier einige davon aufgeführt.

Da sie sehr gepriesen und daher attraktiv ist, hier zunächst einmal die ***Straße der Eingeweihten***. Wir alle beschreiten sie eines Tages, denn es ist die Straße der Anmaßung, die Straße jener, die sich der breiten Masse überlegen fühlen, alles gelesen und alles vom Leben verstanden haben, und auch jener, die Unterweisungen geben und von der Maya sprechen, als hätten sie sie selbst überwunden.

In Wahrheit sind ständig Leute darauf unterwegs, vor allem heute in diesen Zeiten der »Offenbarung«. Da sie sehr groß ist, ist es allerdings schwierig, dort wirklich jemanden zu treffen. Die meisten dort starren sich nur gegenseitig an ...

Irgendwann eröffnet sich uns auch die ***Straße der Einsamkeit.*** Sie ist schwer zu vermeiden. Man weiß nicht genau, ob sie verlockend ist oder Angst macht, ob sie in eine Zuflucht oder in ein Gefängnis führt. Wir können sie als beschützend oder zerstörerisch, wiedergutmachend oder verbitternd wahrnehmen.

Man trifft dort alle möglichen Gestalten, ohne ihnen aber wirklich zu begegnen. Einige meditieren, andere beten, fasten oder ergehen sich schweigend in seltsamen Aktivitäten. Es gibt dort eindeutig depressive, frustrierte, ängstliche, sorgenvolle und auch heuchlerische, andererseits aber zum Glück auch sehr lichtvolle Gestalten ...

Natürlich müssen wir sie ein ganzes Stück bereisen, um ihre Vorzüge und Gefahren kennenzulernen, denn wir erleben darauf sowohl Abgestumpftheit als auch ein Großreinemachen des Egos und letztendlich die Freuden der Wiedergeburt.

Die ***Straße der Geschäfte*** wiederum wird genauso schwer zu vermeiden sein, denn sie ist sehr verführerisch mit all ihren Schaufenstern, die uns unzählige Techniken und Geräte mit offensichtlich wundersamer Wirkung anpreisen.

Manche nennen sie auch die Straße des Aufstiegs, einfach weil man dort zahlreiche Shops findet, die vielversprechende transzendente Rezepte feilbieten, um auf direktem Weg zu den verwirklichten Meistern mit ihren farbigen Flammen aufsteigen zu können.

Mit all den künftigen »Auserwählten« ist diese Straße sehr bunt. Man entdeckt sonderbare Figuren darauf, die pseudowissenschaftliche und pseudophilosophische Reden schwingen. Es sind auch einige Suchende dabei, die einen leicht verwirrten Eindruck machen ... und schließlich auch noch viele Einfältige und Schlafwandler.

Und dann gibt es da noch die unvermeidliche ***Straße der Extreme.*** Jene, die darauf wandeln, befinden sich in ihrer exzessiven, kompromisslosen Phase. Einige frönen dort mit verbissenem, fanatischem Blick allen möglichen Übungen in starren Posen, während andere mit lauter Stimme und gen Himmel gestrecktem Finger Reden schwingen.

Es ist eine Straße, die zu einem großen runden Platz namens ***Platz der Ungeduld*** führt. Über ihn gelangt man zum »Kundalini Ashram«.

Dabei handelt es sich um ein ziemlich pompöses Gebäude, das in den letzten Jahrzehnten von einigen Anwohnern der ***Straße der Eingeweihten*** errichtet wurde.

Es ist eine Schule mit vielen Lehrern, in der man uns sagt, wie wir schnell in den siebten Himmel gelangen können, ohne irgendetwas auf die einzelnen Etappen zu geben.

Der Aufstieg der Kundalini ist ihr höchstes erklärtes Ziel. Was man uns aber nicht sagt, ist, dass dort kein »Produkt-Support« angeboten wird ...

Schließlich gibt es zum Glück auch noch die ***Straße der Mäßigung.*** Zu beachten ist, dass sie von wesentlich weniger

Leuten besucht wird, und zwar wegen der schlechten Werbung, die dafür gemacht wird. Einige sagen tatsächlich, sie sei die Straße der Halbherzigkeit und Langeweile.

Diejenigen, die das erzählen, ahnen in Wirklichkeit nicht, dass die Seelen auf der Straße der Mäßigung dort nur hingelangt sind, weil sie bereits auf allen anderen Straßen gewesen sind. Sie wissen nicht, dass diese Seelen all die bunten Ausreden, Attraktionen und Pailletten hinter sich gelassen haben.

Tatsächlich gibt es kaum Spaziergänger auf der Straße der Mäßigung. Man begegnet vor allem Anwohnern. Sollte einer von ihnen Sie einladen, werden Sie wahrscheinlich staunen, wie bescheiden die Fassade seines Hauses aussieht.

Doch sobald Sie über die Schwelle getreten sind, werden Sie noch viel mehr staunen, wie riesig das Haus ist und welcher Duft sich überall hindurchzieht. Sie werden gar nicht mehr hinausgehen wollen ... zumal so eine heitere Atmosphäre darin herrscht.

Sie werden darin keine der distanzierten Mienen finden, die Ihnen anderswo ständig begegnet sind. Sie werden darin auch keine schulmeisterlichen Sprüche hören wie: »Ich bin auf diese Welt gekommen, um ...«, weil es auf der Straße der Mäßigung und in ihren Häusern keine Luft für aufgeblasene Egos oder Pseudo-Meister gibt.

Sie werden dort nur einfache Leute sehen, die auf der Suche nach Transparenz sind. Selbst wenn sie für sich noch nicht das Einssein verwirklichen konnten, sind sie doch auf dem Weg dorthin. Diese Gewissheit macht sie bereits jetzt glücklich, denn auf ihren Häusergiebeln steht immer dasselbe Motto:

»Gelassenheit ist Glück, das gelernt hat, nicht mehr über den Wolken zu schweben.«

Ein unbekannter Meister

Vielleicht wirkt diese Aufzählung in Form eines Sinnbilds ja etwas spaßhaft ... aber Humor ist eine kostbare Brüstung auf unserem Weg, die wir nicht aus der Hand geben dürfen.

Der Weg, der zum Zustand des Advaïta führt, ist als so steinig bekannt, dass man ihm von vornherein gerne die Etikette »schwer« verpasst, eine Eigenschaft, die ziemlich entmutigend ist, wie Sie sicher auch finden.

Aber Sinn für Humor ist ein wesentlich lehrreicherer und wirkungsvollerer Ratgeber, als wir meinen, wenn wir entschlossen den Weg zur Wiedervereinigung angetreten haben.

Von Leben zu Leben und manchmal abgekürzt in einem einzigen Leben begehen wir unweigerlich unseren gerechten Anteil an Fehlern - auch wenn wir die allerbesten Absichten haben. Nach dem Zufallsprinzip bereisen wir all die Erprobungsstraßen, die ich oben beschrieben habe, und noch viele mehr. Dort werden wir dann in unserem eigenen Spiel geschlagen, weil unsere Ernsthaftigkeit leicht in Schwere und Dramatik umschlagen kann.

Das Ego mag es nicht, sich selbst auf die leichte Schulter zu nehmen ... Es fühlt sich dadurch beschwert!

Deshalb ist Sinn für Humor sicherlich der unbekannteste Meister, den es gibt. Auf unserem irdischen Weg ist er es, der meistens unsere Sohlen leichter macht, wenn wir uns vor einer unüberwindlich erscheinenden Mauer befinden.

Freilich hat er nichts mit den oft schnöden Witzen zu tun, bei denen wir grinsen oder laut loslachen müssen. Vielmehr zeigt er sich in einem amüsierten, vereinfachenden, entdramatisierenden Blick, aus dem eine Form von Weisheit spricht ... und den wir stets pflegen und in unsere innigsten Gebete mit einschließen sollten.

Tatsächlich ist Humor der Vorbote einer Seelenfreude, die in der hinduistischen Tradition Ananda genannt wird.

Humor, das müssen wir uns klar machen, ist also einer der wertvollsten Ratgeber, an die wir uns auf den unvermeidlichen Windungen unseres Weges immer wieder wenden müssen.

Er ist es, der uns jedes Mal über Wasser halten wird, wenn wir vor einer Prüfung stehen, welcher Art auch immer die Straße ist, die unsere Schritte auf sich gelenkt hat.

Diese Prüfungen sind dreierlei Art, es gibt psychische, spirituelle und körperliche – was auch logisch ist, da das Feinstoffliche und Grobstoffliche sich in uns ständig miteinander verbinden.

Psychische und spirituelle Erschütterungen

Wenn unser Wesen seine »innere Baustelle eröffnet« – also sein spirituelles »Umherflattern« beendet hat –, ist es fast unvermeidlich, dass seine psychischen, metaphysischen und spirituellen Fundamente ins Wanken geraten.

Nach der Begeisterung der ersten prägenden Erfahrungen kommt also oft eine Zeit, in der unsere Innenwelt auseinanderzufallen scheint wie ein selbst auflösendes Puzzle.

Es ist eine verwirrende Zeit, erleben wir in ihr doch das Gegenteil dessen, was wir eigentlich angestrebt hatten: Alle unsere Bemühungen hin zum Einswerden scheinen nur in ein besorgniserregendes inneres Durcheinander zu führen.

Wir müssen über dieses Phänomen Bescheid wissen und dürfen uns davon nicht entmutigen lassen. Es ist nur ein Engpass ähnlich wie einst in den Tempeln die sehr schmalen, niedrigen Türen, durch die man die Kandidaten bei bestimmen Initiationen gehen ließ.[17]

Unsere Werte und Orientierungspunkte wurden aus den Angeln gehoben; da ist es ganz normal, dass wir durch eine destabilisierende Phase gehen, bevor alles in uns sich neu ordnet.

Es ist ein Stadium, das ein bisschen dem leeren Atemstillstand zwischen Einatmen und Ausatmen ähnelt.

In Wirklichkeit machen wir uns auf diese Weise für einen neuen Atemzug bereit.

Diese unangenehme Zeit kann je nach unseren persönlichen Grundlagen recht gelassen erlebt werden. Sie kann sich aber auch durch depressiv erscheinende Zustände, zu-

[17] *Siehe »Essener Erinnerungen« desselben Autors, 9. Kapitel, »Das Labyrinth«.*

sammenhanglosen Mystizismus oder im Gegenteil eine Zurückweisung unserer bisherigen Erfahrungen äußern.

Es ist eine kleine Wüstendurchquerung, deren mögliche Anzeichen wir nicht übersehen dürfen, um nicht stecken zu bleiben.

Eine psychische und spirituelle Krise ist ein Hinweis darauf, dass sich »etwas« in uns bewegt. Wenn wir sie zu erkennen und anzuerkennen wissen, wenn sie sich zeigt – falls sie sich zeigt –, können wir sie auf jeden Fall entdramatisieren, um besser durch sie hindurchzukommen und zu überdenken, wie unsere Wohnstatt beschaffen ist ... die Wohnstatt, mit der wir unseren Weg fortsetzen werden.

Körperliche Erschütterungen

Wie gesagt können vor oder während dieser Phase der »Neuschreibung« unseres inneren Universums Erschütterungen auftreten, die unseren Körper treffen.

Dabei handelt es sich um körperliche Beschwerden, die willkürlich und unerklärlich sind und von der westlichen Medizin oft nicht eingeordnet werden können. Meistens verpasst sie ihnen dann die Etikette »Psychosomatisch«.

Im Allgemeinen sind das Kopfschmerzen, Schwindel, Übelkeit, Schüttelfrost, Zittern, Muskelschmerzen und Schlafstörungen. Aber auch wenn sie belastend sind, dürfen wir keine Angst vor ihnen haben, sollten sie jemals bei uns in Erscheinung treten.

Wenn wir unser Wesen umpflügen und unseren Bewusstseinszustand verändern, wirkt sich das unweigerlich auch auf das Gleichgewicht der regulierenden Energiekraftwerke des endokrinen Systems aus, das unsere Chakren bilden.

Falls solche Beschwerden bei uns auftreten, müssen wir uns vor allem einige Fragen stellen. Sie lauten:

- Was waren unsere Meditations- und Atempraktiken? Welchen Rhythmus hatten sie? Ist es dadurch zu Unwohlsein gekommen, auf das wir nicht geachtet haben? Haben wir es mit irgendeiner Übung übertrieben?
- Welche Werte wurden in uns plötzlich durcheinandergebracht? Welche Schwellen wurden überschritten, und welche neuen Verhaltensweisen wurden auf diese Weise rasch herbeigeführt?

Die Ursache unserer Beschwerden ist oft in der ehrlichen Antwort auf diese Fragen zu finden. Viele von uns verfallen in unkontrollierten Eifer, wenn sie »ihre innere Baustelle in Angriff nehmen«. Sie verstehen nicht, dass sie nichts »in Angriff zu nehmen« haben, da sie doch eigentlich auf einem Weg der Befriedung sein sollten.

In ihrem Willen voranzukommen verhalten sie sich wie »psychische Vielfraße«, die Türen einrennen wollen und nichts auf die Schlösser und Schlüssel geben, die dazu harmonisch ineinandergreifen müssen.

Es ist leicht zu erraten: Die Ursache solcher übertriebenen Verhaltensweisen liegt in Hochmut und Ungeduld.

Wenn wir uns wie Musiker verhalten, die den Takt des Dirigenten nicht einhalten, dann werden wir Probleme bekommen und nicht mehr synchron spielen können.

Angehende Musiker, die beschlossen haben, das Werk des Lebens in ihnen nach ihrem eigenen Takt zu spielen, gab es in den letzten zwei oder drei Jahrzehnten viele. Und auch heute noch sind sie unglaublich zahlreich.

Ihr erklärtes Ziel ist oft die Erweckung der Kundalini, dieser gewaltigen Kraft an der Basis der Wirbelsäule, die bei ihrem Aufstieg daran entlang das Bewusstsein erweitern und dem Wesen zahlreiche Fähigkeiten verleihen soll. So schwören derzeit viele ausschließlich auf das sogenannte »Aufsteigen der Kundalini«.

Unkontrolliertes Fasten, endlose Meditationen, erzwungene Atemübungen – alles ist ihnen recht, um das göttliche Feuer in ihnen zu entfachen und ihre große Befreiung zu erleben.

Swami Geduld …

Ich muss sagen, dass ich im Laufe der Jahre einigen dieser fieberhaften Seelen begegnet bin, die ihren Reifeprozess leichtfertig überstürzen wollten. Aufgrund ihrer Übertreibungen lebten einige in einem Körper mit gestörtem Stoffwechsel, während ihre Innenwelt nur aus mystischen Halluzinationen bestand.

Natürlich sind das Extremfälle, aber ich finde es notwendig, sie zu erwähnen, um nochmals darauf hinzuweisen, wie wichtig es ist, bei unserem inneren Wandel das Werk der Zeit zu respektieren. Dieser Respekt ist der Garant für die Harmonie, die einen wirklich spirituellen Ansatz immer begleiten muss.

Ich sage »wirklich«, denn einige vorgebliche Wege sind in erster Linie ein Streben nach Macht oder psychischen Fähigkeiten. Dabei sind immer die inkarnierte Persönlichkeit und die niederen Schichten des Egos am Werke und verstecken sich hinter der Maske der Lauterkeit.

Dann sind wir sehr weit vom Advaïta, von der Suche nach dem Einssein mit dem Göttlichen, entfernt.

Wie dem auch sei, von den Extremfällen einmal abgesehen, ist es bei körperlichen Unannehmlichkeiten einfach weise, unsere Meditations-, Visualisierungs- und Atemtechniken allmählich zu reduzieren, dann für eine Weile ganz einzustellen und uns ein bisschen Ruhe zu gönnen.

Das Ziel einer Übungspraxis ist es, eine weitere, lichtvollere Atmung des Wesens zu begünstigen und nicht, es in eine Art persönliche Herausforderung zu führen und die Gitterstäbe eines neuen mentalen und physischen Gefängnisses zu errichten.

Wenn wir unsere Übungspraxis vorübergehend einstellen, heißt das keineswegs, dass wir gescheitert sind. Es bedeutet einfach, dass wir uns an die inneren Zyklen unserer Seele und unseres Körpers halten. Es bedeutet, die Lehre dieses anderen großen, sehr diskreten Meisters zu leben, der Swami Geduld heißt.

Auch wenn alle Übungen, die ich Ihnen in diesem und anderen Büchern vorstelle, unverbindlich und absolut ungefährlich sind, gilt das Maßhalten und der Respekt vor dem Werk der Zeit auch für sie. Denn Beharrlichkeit, die nicht mit Ausgewogenheit und daher Harmonie einhergeht, kann nicht konstruktiv sein.

Die vier goldenen Regeln

Auf unserem Weg gibt es einige goldene Regeln.
Sie lauten:

1) Zunächst einmal ist es wichtig, die verbreitete Vorstellung aufzugeben, unbedingt bestimmte Phänomene erleben oder gar meistern zu müssen, um dem Geist in uns näherzukommen. Damit meine ich unter anderem Hellhörigkeit, Reisen mit dem Astralkörper, Lesen in der Akasha-Chronik und Auralesen.
Solche Fähigkeiten entstehen »von selbst« und zu ganz bestimmten Zwecken, wenn eine bestimmte Arbeit an uns selbst abgeschlossen wurde. Wenn wir sie aber nicht besitzen, bedeutet das keineswegs, dass diese Arbeit nicht getan wurde oder wird.
Wir können ganze Leben sehr unauffällig mit nichts Besonderem verbringen und trotzdem einen wunderbaren Wandel in uns verwirklichen.

2) Zweitens und darauf aufbauend gibt es nichts »Übersinnliches« zu suchen.
Fähigkeiten, die »Gaben« genannt werden, sind ein zweischneidiges Schwert. Sie können uns leicht vom Wesentlichen ablenken.
Beweise oder Manifestationen des Unsichtbaren werden uns dann geschenkt, wenn wir sie nicht mehr brauchen und sie von unserem Ego nicht mehr eingefordert werden – es sei denn, dass sie von unserem höheren Bewusstsein geschaffen werden, um dieses Ego zu testen ...

3) Parallel dazu besteht die dritte Regel darin, uns nicht von jenen beeinflussen zu lassen, die vorgeben, mit zahlreichen übersinnlichen Talenten gesegnet zu sein. So gut wie immer rühren ihre Behauptungen aus dem Bedürfnis, sich Geltung und Aufmerksamkeit zu verschaffen. Einige stammen auch aus mystischen Delirien.

Die schönste Pilgerreise zur Quelle vollbringt der, der die Weisheit besitzt, sich still in sich selbst zu versenken. Der Geist, der in uns wacht, befindet sich auf einer anderen Ebene als der Ebene der psychischen Manifestationen.

Daher ist es unerlässlich, uns nicht von Frustrationen davontragen zu lassen und uns nicht minderwertig zu fühlen, falls wir auf unserer Suche nach dem Göttlichen »nichts Besonderes zu erzählen haben«, wie ich schon oft gehört habe.

4) Der vierte Punkt ist die *Prüfung des Bewusstseins.* Uns regelmäßig einen Überblick darüber zu verschaffen, was wir in uns selbst erleben, wie wir es erleben und was wir konkret jeden Tag daraus machen, ist eine sehr wertvolle Übung. Daher müssen wir uns mindestens einmal pro Woche Zeit dafür nehmen. Es ist eine Frage des Anspruchs, aber auch der Ehrlichkeit gegenüber uns selbst, wenn wir beschlossen haben, etwas anderes zu tun als einen touristischen Spaziergang im spirituellen Universum zu unternehmen.

Was den Anspruch betrifft, möchte ich hier noch einmal betonen, dass er nicht gleichbedeutend mit Unnachgiebigkeit ist.

Es ist also wichtig, unsere Schwächen zu akzeptieren und sie uns selbst verzeihen zu können.

Unser Wille, zu wahrhaftigeren, reineren, ihrer eigenen Sonne näheren Menschen zu werden, nimmt uns nicht unser Recht darauf, Fehler zu machen.

Gütig den Ausdruck unserer eigenen Schwächen zu akzeptieren, bedeutet also, uns selbst ein bisschen Liebe auf einem Weg zu schenken, der alles andere als immer leicht ist.

Und es ist auch ein äußerst erquickliches Zeichen für Humor.

10. Übung
Vergebung und Güte schenken

In diesem Sinne folgt hier eine sehr sanfte Übung, die Mahavatar Babaji mich bei unserer besagten Begegnung in einem »lichten Wald« gelehrt hat.

Bevor Sie mit der Übung beginnen, besorgen Sie sich eine Rose, da diese Blume in der Pflanzenwelt einen bestimmten energetischen Platz einnimmt. Schneiden Sie den Stiel vollständig ab, sodass sie flach liegen kann.

1) Legen Sie sich in einer friedlichen Umgebung bei sanftem Licht auf den Rücken und legen Sie die Rose bewusst auf die Mitte Ihres Brustkorbs.

Wie gewöhnlich achten Sie darauf, dass Ihre Kleidung Sie nicht im Geringsten stört.
Nehmen Sie sich dann einen Moment der Ruhe und Stille, während Ihr Geist entspannt mit der Präsenz der Rose auf Ihrem Körper verbunden ist.

2) Legen Sie jetzt in Ruhe beide Hände auf Ihren Bauch. Tun Sie das ganz locker und nehmen Sie dann in Ihrem eigenen Rhythmus etwa zehn Atemzüge, wobei Sie darauf achten, dass die eingeatmete Luft in Ihrem Bauchraum aufgenommen wird. Sie durchblutet ihn und macht ihn weicher.

3) Legen Sie Ihre Hände nun in derselben Weise auf Ihr Zwerchfell. Nehmen Sie dann immer noch ganz locker und entspannt wieder zehn Atemzüge, aber leiten Sie die Luft diesmal in diese andere Region Ihres Körpers. Sie werden deutlich spüren, wie sich darin Entspannung einstellt.

4) Lassen Sie Ihre Hände dann bis zu Ihrem Brustkorb hochwandern. Legen Sie sie dort sehr sanft ab und beginnen Sie erneut einen Zyklus aus zehn friedlichen Atemzügen, bei denen Sie spüren, wie Ihre Brust sich füllt und leert. Laden Sie Gelassenheit in sich ein ...

5) Strecken Sie nun sehr langsam die Arme aus und legen Sie sie an jeder Körperseite mit den Handflächen nach oben ab.

6) Jetzt ist der Moment gekommen, um Ihr Bewusstsein im Herzen der Rose zu platzieren, in der Mitte Ihrer Brust. Tun Sie das mit Liebe ... Sie werden deutlich

die liebevolle, beschützende Präsenz dieser Blume spüren. Nehmen Sie voll und ganz ihre Sanftheit und ihren Duft in sich auf.
Nehmen Sie sich dafür Zeit ... Wenden Sie sich dann voller Demut an das globale Bewusstsein der Welt der Rosen. Bitten Sie es, Ihnen die Energie seiner Liebe, seines Mitgefühls, seines versöhnenden, befriedenden Atems zu schenken.
Nehmen Sie diese Energie und diesen Atem in sich auf. Zweifeln Sie nicht daran: Beides wird sowohl Ihrer Seele als auch Ihren Zellen geschenkt werden ...

7) Richten Sie Ihr Bewusstsein nun auf die Wahrnehmung einer herrlichen Welle aus Licht, die von der Rose auf der Mitte Ihrer Brust ausgeht und Ihr gesamtes Wesen überflutet ...
Vergessen Sie nicht, dass sie auch Ihren Hals und Ihren Kopf erfüllt, um sich dort sanft zu verbreiten. Es ist eine Welle des Friedens, der Glückseligkeit, durch die alles in Ihnen einfacher wird, durch die alle Ihre inneren Konflikte sich aufzulösen beginnen. Sie sagt Ihnen, dass Sie es wagen sollten, Mitgefühl mit sich selbst zu haben.
Lassen Sie ihr alle Zeit, die notwendig ist, um in Ihnen zu wirken und Ihnen gutzutun, und danken Sie ihr dann. Dafür braucht es keine Worte. An ihre Stelle wird die Ausrichtung Ihres Herzens treten.

8) Atmen Sie lange und tief ein und aus und kehren Sie dann allmählich wieder in das körperliche Bewusstsein Ihrer Gliedmaßen, Ihres Körpers zurück ...

9) Die neunte und letzte Phase dieser beruhigenden, versöhnenden Praxis besteht darin, die Rose respektvoll auf eine saubere Oberfläche in eine ruhige Zimmerecke zu legen und sie dort zu lassen, bis sie komplett getrocknet ist. Dann verbrennen Sie sie voller Respekt für die Präsenz, die durch sie gewirkt hat.

Diese Übung, die uns dazu einlädt, uns selbst die Freundlichkeit, das Mitgefühl und die Gelassenheit entgegenzubringen, die wir brauchen, steht natürlich im krassen Widerspruch zu dem, was unsere jüdisch-christliche Kultur uns gelehrt hat. Sie ist das genaue Gegenteil der schuldeinflößenden Opfereinstellung, die tief in unser Gedächtnis eingeprägt ist.

Das ist der Grund, warum ich der Übung so eine große Bedeutung beimesse und sie Ihnen ganz nach Ihrem eigenen Rhythmus empfehle. Sie ist genauso sanft und einfach wie wohltuend in ihrer Wirkung.

Einige Kleingeister werden nun vielleicht sagen: »Ja, schon, aber wir verwenden dabei ein Element von außen – eine Rose –, wo wir uns doch eigentlich in unserem Streben nach dem Einssein nur dem zuwenden sollten, was in uns ist ... da sich doch alles dort befindet.«

Tatsächlich kann man das so sehen, aber das Bündnis mit einer Blume als etwas zu betrachten, das uns von dem, was uns beseelt, abtrennt oder wegtreibt, scheint mir doch etwas fundamentalistisch zu sein.

In Wirklichkeit laden wir die globale Seele des Pflanzenuniversums zu unserer inneren Arbeit der Wiedervereinigung ein.

Denn die Rose ist nicht umsonst schon seit jeher eine sinnbildhafte Blume wie zum Beispiel auch der Lotus.

Im Pflanzenreich gibt es Arten, die vollendeter – weil »älter« – sind als andere. Es sind Arten, die eine vermittelnde Aufgabe und eine Grundschwingung haben, die die Präsenz des göttlichen Atems zum Ausdruck bringt.

Sie um Hilfe anzurufen, um ihre Unterstützung zu bitten, heißt nicht, sich dem Außen zuzuwenden, sondern, Zwiesprache mit einer anderen Variante des Lebens zu halten, sich mit ihr zu verbinden, sie sich zu eigen zu machen, um das Gefühl der Liebe, das das Eine offenbart, auf eine andere Weise zu erkunden.

Natürlich bedeutet das, dass die Rose nicht als »Ding« oder »Werkzeug« betrachtet wird. Aus diesem Grund habe ich dazu geraten, sie bewusst auf die Mitte unserer Brust zu legen und sie schließlich respektvoll zu verbrennen, nachdem sie getrocknet ist.

Wir dürfen nicht aus dem Blick verlieren, dass die Rose eine lebendige Präsenz ist, die nicht nur mit einem energetischen Symbol, sondern auch mit einem aktiven Archetyp verbunden ist.

Wenn wir beginnen, in uns selbst aufzustehen,
und wirklich verstehen, worum es sich dabei
handelt, stehen wir nicht allein auf.
Alles, was die Natur unserer Welt ausmacht,
beeinflussen wir und laden wir ein,
sich unserem Tun anzuschließen.

In unserem Streben nach dem Zustand des Advaïta ist das Konzept hinter dem Wort »allein« unsinnig, und wir sollten uns bemühen, es aus unserem Kopf zu bekommen ...

Wenn der Weg, der von uns selbst zum Selbst führt, nur aus Einsamkeit zu bestehen scheint, weil er innerlich stattfindet und niemand ihn an unserer Stelle gehen kann, dann deshalb, weil er oft missverstanden wird.

Die Versenkung, die er in Wirklichkeit bedeutet, ist eine Einladung an das gesamte Universum, ein Aufruf zur Verschmelzung mit seiner göttlichen Essenz.

Wir können Phasen der Zurückgezogenheit brauchen, um das zu durchleben und bestimmte Geheimnisse zu durchdringen, aber das Gefühl des Einsseins, das sich dort entfalten wird, wird außerordentlich »dicht bevölkert« sein.

Es kann nur empfunden und nicht in Worten ausgedrückt werden ...

Der Zustand des Einsseins ist keinesfalls ein
Zustand, in dem wir uns einschließen, um uns vor
dem Zustand der Dualität zu schützen.
Im Gegenteil ist er ein Zustand der absoluten
Öffnung, in dem Alles aufgenommen wird, ohne
dass es dabei um Licht oder Schatten geht.
Er hat nichts mit einer Fluchtbewegung oder einem
Rückzug zu tun. Er ist das allergrößte Zerstieben des
Bewusstseins, eine göttliche Explosion der Freude.

Der Zustand des Advaïta ist natürlich eine Herausforderung für unsere mentalen Funktionen. Deshalb ist es wichtig, sämtliche Fallen erkennen zu können, die sich vor uns auftun, sobald wir aufrichtig den Weg des Erwachens einschlagen.

Impulse, Gefühle und der verständige Verstand lauern uns dort in Form von Hindernissen, Prüfungen und initiatorischen Meistern auf.

Erkennen wir, dass all das ein wunderbares Abenteuer ist!

Die Straße der Meister

Als wir uns weiter oben die Zustände angesehen haben, die die Seelen-Persönlichkeit in ihrer Entwicklung durchläuft, habe ich eine Straße unerwähnt gelassen. Ich nenne sie die ***»Straße der Meister«***. Ich stelle sie Ihnen bewusst erst jetzt vor …

Diese Straße ist auch die Straße der Traditionen und daher der safranfarbenen, weißen, roten, schwarzen oder bunten Roben. Sie hat eine enorme Anziehungskraft für alle, die von sich selbst sagen, auf ihrem Weg gereift und durstig geworden zu sein.

Ob die Weisen, die man dort trifft, echt sind oder nicht, ob sie ihren Titel voll und ganz verdienen oder nicht, spielt hier keine Rolle.

Bedeutsam ist die Hingabe und der Respekt, den sie bei jenen hervorrufen, die sich als ihre Schüler bezeichnen und der Gedankenströmung folgen, die sie geschaffen haben oder repräsentieren.

Jeder von ihnen ist im Grunde ein energetischer Akku, an den oftmals Abertausende Menschen angeschlossen sind, die sich aufrichtig wünschen, ihr Bewusstsein zu öffnen.

Das ist nicht belanglos, denn dieser Akku setzt sich ins Unsichtbare hinein fort, um dort einen sogenannten Egregor oder, wenn Sie so wollen, eine gewaltige kollektive Gedankenform zu erschaffen.

Ein Meister oder »einfacher« Weiser kann die Entstehung dieses energetischen Mechanismus rund um seine Person nicht vermeiden, da der Lehrer und seine Lehre im Geist der Schüler leicht ein und dasselbe sein können.

So erzeugt sein Egregor eine beachtliche Kraft, die jeder seiner inneren Reife entsprechend für sich nutzen wird. Damit wird der Meister zu einem Angebot ...

Seine Schüler sind Schalen, die dieses Angebot aufnehmen. Sie sind frei, es ihrer Bewusstseinsstufe entsprechend zu verinnerlichen.

An diesem Punkt kann sich die *Straße der Meister* für einige in einen Parkplatz oder ein Abstellgleis verwandeln. Zumindest für eine gewisse Zeit.

Beständige Zielgerichtetheit, Treue zu einer Tradition und ein Herzensimpuls, der Hingabe erzeugt, sind unbestreitbare Qualitäten. Trotzdem müssen wir daran denken, dass jede Medaille zwei Seiten hat.

So kann eine Qualität, die auf die Spitze getrieben wird, fast unmerklich zu einem Nachteil führen. Sie kann zu einer Bremse werden. Auf unserem Weg ist sie dann nichts anderes als eine neue Form der Abhängigkeit, Formatierung und damit Konditionierung.

Es ist eine Art von Unterwerfung, die sich oft an einem kleinen Satz erkennen lässt, der wie ein Leitmotiv ausgesprochen oder gedacht wird: »Der Meister hat gesagt ...« oder »Swami sagt, dass ...« Und wir kommen davon einfach nicht los!

Ich möchte hier niemanden vor den Kopf stoßen, denn das Vertrauen, der Respekt und die Hingabe, die wir einem spirituellen Meister entgegenbringen, sind heilige »Dinge«.

Ich möchte nur darauf hinweisen, dass im Denken eines wahren spirituellen Führers die Freiheit das kostbarste Geschenk ist, das einer Seele gemacht werden kann, die sich auf den Weg zum Erwachen begeben hat.

So kann die Verbindung, die uns mit einem erleuchteten Wesen vereinen kann, uns andererseits auch in einen fast unmerklichen Käfig führen. Unser Wille, uns aus den Konditionierungen der Maya zu befreien, ist also imstande, uns heimtückisch eine ultimative Form der psychischen Gefangenschaft mit all ihren Illusionen erfahren zu lassen.

Ein spiritueller Meister oder Führer ist ein Bezugs- oder Erinnerungspunkt, eine Art Verkehrsschild, das uns Orientierung geben soll. Man kann ihn auch als Quelle betrachten, die unsere Seele braucht, um sich zu erfrischen. Das ist ein klassisches, aber wahres Bild. Aber im einen wie im anderen Fall tritt der spirituelle Führer vor allem deshalb in Erscheinung, um uns zu helfen, unseren Weg fortzusetzen.

Er ist weder das Ziel noch die Achse, um die herum wir ewig kreisen müssen. Seine Rolle besteht darin, *unser* Gedächtnis hinter *unseren* Erinnerungen zu wecken. Auf seine Weise veranschaulicht er den Atem, der in uns lebt, den wir aber anderswo suchen.

Christus selbst sagte häufig, dass Er von seinen Jüngern weder Anbetung noch – in heutigen Worten – eine Fokus-

sierung auf seine Person brauchte, da Er wesensmäßig »vom Göttlichen erfüllt« war.

Stattdessen war ihm an der »lichtvollen Unabhängigkeit« seiner Zuhörer gelegen, also an ihrer Verbindung mit der Gnade des Absoluten in ihnen.

Genau das ist absolut wichtig zu verstehen. Ein gereifter Schüler ist fähig, ohne die Hand seines Lehrers, seines spirituellen Führers, weiterzugehen. Die Kette des Lebens ist so beschaffen und erfordert diese Einstellung. Das hat nichts mit Verleugnung, Undankbarkeit oder Anmaßung zu tun. Die Dynamik des Wachstums muss eines Tages zur Loslösung führen. Auch sie ist kein Zeichen für weniger Liebe. Im Gegenteil bringt sie perfekt zum Ausdruck, dass das Empfangene richtig verstanden wurde.

Abhängigkeit hat immer Abstumpfung zur Folge. Wenn wir uns eines Tages aus dem geschützten Bereich einer (strukturierten oder unstrukturierten) Gruppe, eines Ashrams oder einer Klosterzelle zu lösen wissen, dann ist das ein großer, unumgänglicher Schritt auf unserem Weg zur Befreiung.

Seit dem Erfolg eines gewissen Films spricht die moderne Psychologie vom »Tanguy-Syndrom«, wenn junge Erwachsene sich nicht entschließen können, ihr Elternhaus zu verlassen. Auf einer spirituellen Suche ist so ein Syndrom sicherlich genauso unerfreulich.

Hier kann ich nicht umhin, eine Anekdote mit einem großen Lehrer unserer Welt, Krishnamurti, zu erzählen. Seit

Jahrzehnten hatte er die Angewohnheit, in das schweizerische Saanen zu reisen, um dort Unterweisungen zu geben.

Auf einer dieser Veranstaltungen unterbrach er sich plötzlich. Sein Blick war auf eine alte Dame gefallen, die in der ersten Reihe im Publikum saß und jedes seiner Worte regelrecht verschlang.

»Wie das?«, fragte Krishnamurti sie. »Sie sind immer noch hier? Ich sehe Sie hier jetzt schon regelmäßig seit 20 Jahren. Sie haben also nichts verstanden?«

Diese bittersüße Bemerkung braucht nicht weiter kommentiert zu werden, da werden Sie mir sicher zustimmen.

Aus diesem Grund hatte die Straße der Meister meiner Ansicht nach einige Zeilen verdient, trotz ihres auf den ersten Blick »sicheren« Verlaufs.

In Wirklichkeit ist keiner der Wege, die wir gehen sollen, wie weit auch immer wir schon gekommen sind, geradlinig und »garantiert ereignislos«. Das zu verstehen und zuzugeben ist weise. Einsicht ist eine Art Ariadnefaden, den wir niemals loslassen sollten ...

Im Laufe der Leben prägen uns die zahllosen Entdeckungsreisen unserer Seele, denn die Strömung des Göttlichen in uns muss alles erkunden, um sich selbst zu entdecken.

Ist es so schwer zuzugeben, dass das Leben die perfekte Intelligenz ist?

Es weiß, wohin Es geht, also wohin Es uns veranlasst zu gehen ... Es ist kein Theoretiker, sondern ein Künstler, der ständig am Werk ist.

Das ist die Lektion, die alle spirituellen Führer, Weisen und Meister geduldig gelernt haben, indem sie wagemutig gewesen sind, gefallen sind und wieder aufgestanden sind. Sehen wir darin nicht, was sich auch uns heute bietet?

6. Kapitel

WEGE, UM NEU GEBOREN ZU WERDEN

Ich weiß noch, wie ich einmal an einer privaten Unterhaltung im unmittelbaren Umfeld eines Meisters der Weisheit teilnahm. Es war auf indischem Boden, und wir hatten uns zu fünft oder sechst in einem Winkel einer Lehmhütte zusammengefunden.

Unser Gespräch mit dem Swami, der seine Unterweisung gab, während er gleichzeitig ein Currygericht zubereitete, wurde plötzlich durch die Ankunft eines Besuchers unterbrochen, der noch seinen Rucksack auf dem Rücken trug.

Er war ein Europäer Anfang zwanzig, schwitzte, keuchte und sah einigermaßen verstört aus, als hätte er gerade einen harten Kampf hinter sich.

»Was suchst du hier?«, fragte ihn der Hausherr sofort und ließ das Essen stehen, das er gerade kochte.

»Frieden, Swami ...«

»Frieden? Dann bist du am richtigen Ort. Warte, nimm das hier ...«

Und im Nu fand sich der junge Mann mit einem Messer in der Hand beim Gemüseschälen für das Essen wieder, das bereits vor sich hin köchelte.

Ich weiß noch, wie mir daraufhin diese erhellenden Gedanken für unsere ständig fragenden Seelen kamen: »Gerade ist alles gesagt worden. Frieden fasst alles Wesentliche zusammen ... und Frieden beginnt mit dem Dienen.«

Seitdem habe ich mir oft gesagt, dass die globale spirituelle Suche unserer Menschheit ultimativ beantwortet und gelöst werden könnte, wenn diese wenigen, einfachen Worte mit ihrer unmittelbaren Wirkung verstanden würden.

Denn was suchen wir in dieser Welt, wenn nicht den Zustand des Friedens? Und wie können wir den Weg dorthin finden, wenn nicht in der Einfachheit des gegenwärtigen Augenblicks, weitab von den Verrenkungen unseres Verstandes?

Was den jungen Reisenden aus meiner Geschichte betrifft, so hat er praktisch nichts mehr gesagt. Sein Blick entspannte sich, er stellte seinen Rucksack in den Schatten eines Baumes, und er begann, sich spontan an den kleineren Arbeiten im Ashram zu beteiligen.

Wenn ich heute an ihn zurückdenke, scheint mir, dass er auf seine Weise einen guten Teil unserer Menschheit mit ihren Bedürfnissen veranschaulicht hat. Sein Verhalten rief eine Reaktion hervor, die uns zum Wesentlichen zurückbringen wollte: unsere einfachsten Wurzeln wiederzufinden und aufzuhören, dem Wind hinterherzulaufen.

Frieden ist das Herz jeder Spiritualität. Er ist die Vermählung von Erde, Wasser, Sonne und Luft, in der allmählich der Zustand des Advaïta entdeckt wird. Es gibt nichts anderes ... und vor allem nichts Weiteres zu erfinden.

Manchmal, wenn ich mir vor Augen führe, was in unserer Gesellschaft völlig kopfgesteuert diskutiert wird, bin ich ganz erstaunt, wie viele von uns noch an der Existenz oder Nichtexistenz der Seele herumdeuteln. Es verblüfft mich immer wieder, wie kindisch diese Fragestellungen sind. Sie zeigen mir, wie sehr unser westlicher Mikrokosmos sich von sich selbst abgekapselt hat, von der Essenz, die ihn überhaupt bis hierher gebracht hat.

Aber auch wenn die Auswirkungen definitiv schmerzhaft sind, wenn man die um sich greifende Hoffnungslosigkeit betrachtet, sehe ich das gar nicht so dramatisch, denn mir scheint sicher: »Am Boden zu liegen« oder gar darauf »festgenagelt« zu sein, ist individuell und kollektiv eine notwendige Phase.

Sie hat gewissermaßen die Rolle eines Initiators. Sie bewirkt eine Initiation, die umso wirkungsvoller ist, als sie kein ernstes Gesicht hat, komplett unerwartet eintritt und in der Tiefe wirkt.

Gibt es tatsächlich eine radikalere Art und Weise, das Einssein, also den Frieden des Herzens, anzustreben, als eines Tages in einem Leben aufzuwachen und müde davon zu sein, das gesamte Farbspektrum der Illusion erkundet zu haben?

Swami Premananda, der indische Meister, dessen Unterweisungskunst ich eben erwähnt habe, hatte es natürlich vollkommen verstanden: Die Seele entblößt sich oft erst dann, wenn die inkarnierte Persönlichkeit, die sie sich borgt, kurz vor der Erschöpfung und dem Kollaps steht. Dann erst zeigt sie sich bereit zu empfangen.

Wie einige griechische Philosophen und Lehrer der Essener setzte auch Swami Premananda alles daran, um die spirituelle Praxis und das Dienen miteinander zu verbinden, also um Meditation und Gebet mit konkreter täglicher Arbeit zu verknüpfen.

Ich für meinen Teil würde sagen, dass es sich um eine rein christliche Methode handelt, da sie die traditionelle Grenze aufweicht, die wir reflexhaft zwischen dem Heiligen und dem Profanen ziehen. Es ist eine Methode, die sich die Unebenheiten und den noch nicht gestillten Appetit der Persönlichkeit zunutze macht.

Rückblickend stelle ich übrigens fest, dass ich häufig Weise oder spirituelle Führer gesehen habe, die Schülern mit einem etwas aufgeblasenem Ego relativ wichtige Aufgaben zuwiesen.

Nachdem ich mich natürlich nach dem Warum gefragt hatte, da diese Egos dadurch doch eigentlich nur noch stärker werden mussten, erinnerte ich mich an eine Unterweisung, die Christus seinen Lieben gegeben hatte ...

Ihm zufolge kann die Seelen-Persönlichkeit, so lange sie im Spiel der Inkarnation ihren Appetit noch nicht komplett gestillt hat, nicht voll und ganz auf den Zustand der »Leere« oder eher der »Leerheit« hoffen, der das Wesen mit sich selbst konfrontiert und bereit macht, sich mit dem Göttlichen zu »füllen«.

Auf allen Ebenen seiner Existenz hat der Mensch die Fähigkeit, Kräfte zu erkennen oder zu erfinden, um die Kontrolle über andere zu erlangen. Das ist eine der Auswirkungen seines freien Willens und des Bedürfnisses, sich aufzublasen, um sich selbst zu bestätigen.

Wenn wir das gut verstanden haben, werden wir die Einstellungen anderer und auch unsere eigenen Einstellungen weniger verurteilen, da wir darin vor allem Zeichen für das tiefe Bedürfnis sehen, Erfahrungen zu machen und »anerkannt« zu werden. In ihnen zeigt sich der unvermeidliche Lernprozess des Lebens. Und dann werden wir auch das kindische Herumprobieren des Wesens auf seiner Suche nach dem Einen mehr erkennen können und ... es deshalb mehr lieben können.

All das führt uns zu der Erkenntnis, dass der Zustand der Macht, des Leuchtens, des Einsseins mit dem Göttlichen, nach dem wir alle ein Recht haben zu streben, nur dann voll und ganz erfahren werden kann, wenn die Tyrannei der Gewalten in uns erloschen ist.

Macht entsteht aus der Erschöpfung der Gewalten ...

Um die gründliche Reinigung der Seele voranzutreiben, die dieses Verständnis erfordert, komme ich hier noch einmal auf die rein christliche Methode im weitesten Sinne zu sprechen.

Zu lernen, die Intelligenz des Grobstofflichen mit der Intelligenz des Feinstofflichen in uns zu vereinen, ist ganz einfach die erhabene Kunst, die zum Erwachen führt ...

Arbeiten und Meditieren, Arbeiten und Beten ... Es geht nicht ums Arbeiten, Meditieren oder Beten - zumindest nicht mehr so, wie wir uns das traditionell vorstellen. Es geht um ... das Dienen!

Es geht darum, der Strömung des Lebens zu dienen, uns in Sie zu integrieren, indem wir Sie in uns integrieren, und so durch unser Handeln und spontanes Strahlen Leben auszusäen.

Den Weg des Dienens neu definieren

Diese Seinsweise entspricht recht gut dem, was die Asiaten Karma Yoga nennen. Karma Yoga ist das Yoga des Handelns oder des Einsseins durch Dienen.

Manche sehen in diesem Weg des »Arbeitens« die Selbstverleugnung des inkarnierten Wesens durch die völlige Hingabe von Körper und Seele. Ich halte das für eine etwas simple, ja sogar extremistische Sichtweise.

So dargestellt, kann der Weg des Wachstums durch das Karma Yoga zu der Vorstellung führen, sich aufopfern und eine leidvolle Existenz führen zu müssen – eine Sichtweise, die wieder einmal die bekannte Dualität von Geist und Materie zum Ausdruck bringt, als müsste man zwangsläufig den Körper verachten, um aufzusteigen.

Christus Jeshua und alle großen Verwirklichten haben stets das Karma Yoga umgesetzt, ohne unbedingt diesen Namen dafür zu verwenden. Sie haben es in ihrem Leben ganz einfach deshalb zum Ausdruck gebracht, weil das Geben und der Dienst an anderen naturgemäß und spontan eine Brücke zwischen dem Grobstofflichen und dem Feinstofflichen schlagen.

Ihr Zustand des Einsseins, Advaïta, hat gezeigt, dass ihre Schönheit und ihr Reichtum einander ständig entsprechen und nähren. Nachdem ihre Ganzheit verwirklicht war, haben sie weder ihren Körper noch diese Welt verachtet.

Sie haben uns gezeigt, dass die Liebe ein Bindeglied zwischen allen Stufen des Seins ist, eine Art Lebenssaft, der grenzenlos von den Wurzeln des menschlichen Baumes bis hinauf zu seinen Blättern und Früchten fließt und umgekehrt.

Dass aus ihrer Liebe eine Opferliebe gemacht wurde, ist widersinnig ... es sei denn, dass wir das Opfer im etymologischen Sinne verstehen, denn opfern bedeutete ursprünglich »heiligen«.

Aber so verstehen wir den Begriff des »Opfers« leider nicht, denn wir verbinden es automatisch mit großem Leid.

Wenn unser Kopf sich eingeredet hat, dass wir leiden müssen, um uns dem Heiligen zu nähern, ist es ziemlich logisch, dass wir dann bei einem möglichen Näherkommen die Flucht ergreifen ...

In Wirklichkeit fordert das liebevolle Dienen, das Karma Yoga bedeutet, keineswegs, dass wir uns völlig erschöpfen, wenn wir es uns zur Richtschnur machen.

Der Weg des richtigen Maßes ist ein Weg des Verständnisses und Respekts vor dem Gesetz des Ausgleichs. Er fordert weder Halbherzigkeit noch »Aufwandsersparnisse«, sondern die legitime Verteilung dieses Aufwands, also die Intelligenz des Gebens.

Die meisten Weisen aller Völker haben sich immer ihre Ruhepausen genommen und die Geschenke akzeptiert, die das Leben ihnen auf ihrem Weg bereitete.

Was sie immer die Welt hat lieben und unterstützen lassen, war sicherlich, dass sie gelernt hatten, die Natur Dessen anzuerkennen und zu respektieren, das durch sie strömte. Zu dienen bedeutet ganz sicher nicht, sich selbst zu geißeln ...

Das Geben, das Meister Jeshua durch seine Person verwirklicht hat, wurde von Ihm nie als Aufopferung erlebt, im Gegensatz zu dem, was die Kirche uns eingetrichtert hat.

An dieser Stelle muss ich noch etwas in Bezug auf das Dienen und Geben sagen. Es ist überaus wichtig, denn es bringt uns zurück zum Wesentlichen, da es zum Einssein führt.

Wenn die Seele diesen Weg verwirklicht, bedeutet das nicht, dass sie dabei zwischen konkretem Handeln einerseits und Gebet und Meditation andererseits entscheiden muss.

Eine Tat oder einen Dienst zu heiligen, bedeutet, sie oder ihn »bewusst« zu tun, indem wir dafür sorgen, dass beide von der inneren Haltung des Gebets oder der Meditation geprägt sind.

Wenn wir dieses Prinzip verinnerlicht haben, erkennen wir leicht, dass es noch erweitert werden und für alles in unserem Leben gelten kann. Dann stellen wir fest, dass der Geist des Gebens jede unserer täglichen Taten prägen kann und muss, weil sie die notwendigen Instrumente unseres Lernens sind und keine Hindernisse oder Bestrafungen, die von irgendeiner höheren Macht ersonnen wurden.

So kann die Zubereitung des Currygerichtes im Bewusstseinszustand des indischen Meisters aus meinem Beispiel energetisch nicht vom Gebet oder von der Meditation getrennt werden. Nicht so sehr die Art der Geste zählt, sondern die Absicht und die Welle des Friedens und der Liebe, die davon ausgehen.

Wenn eine Tat von der bewussten Herzensenergie ihres Urhebers geleitet ist und geheiligt wird, wird er zu einem Träger des Lichts und wirkt einend. Dann vermählen sich in ihm Äußerlichkeit und Innerlichkeit.

Besteht unsere Herausforderung dann also nicht darin zu lernen, bewusst ein gutes Essen zuzubereiten, den Boden zu fegen, ohne zu murren, und alle unsere materiellen und beruflichen Aufgaben auf dieselbe Weise zu erfüllen?

Alle unsere Taten zu heiligen, indem wir in jedem Augenblick den Abdruck unseres Herzens darin hinterlassen, ist eine der großen Herausforderungen, die unsere inkarnierte Seele in dieser Welt bewältigen muss. Das ist eine größere Wahrheit, als es den Anschein hat.

11. Übung
Der Kalender der Verwandlung der Essener

Nachdem unser Wille zum inneren Wandel uns gemeinsam bis hierhin getragen hat, finde ich es nützlich, Ihnen nun eine Art Programm zur inneren Neugestaltung an die Hand zu geben.

Es ist gewissermaßen ein Kalender zum »Großreinemachen« der Persönlichkeit, der im Wesentlichen dem Bedürfnis nach Wahrheit und innerer Klarsicht nachkommt.

Regelmäßig praktiziert, lädt er jeden von uns ein, in seinem spirituellen Prozess verantwortungsvoll und konsequent zu werden. Der Begriff »Großreinemachen« soll hier weder abschreckend noch beängstigend wirken, denn der praktische Unterricht, den das Wesen dadurch erhält, ist sanft, nicht beschuldigend und daher nicht schuldeinflößend. Das macht ihn deshalb aber nicht weniger anspruchsvoll und wirkungsvoll, denn er hat einen direkten Bezug zu unserem täglichen Leben.

Dieser Kalender der Verwandlung ist nicht neu, denn er wurde bereits vor 2000 Jahren den Studenten des Klosters Karmel der Essener zur Aufgabe gegeben. Dank der Akasha-Chronik konnte ich sie wieder aus der Vergessenheit holen. Ich habe mir einfach erlaubt, den Wortlaut teilweise an die heutige Zeit anzupassen.

Die Umsetzung ist extrem einfach, da für jeden Tag eine kleine Übung entsprechend der Grundenergie des Tages vorgesehen ist.

Wie bei allen Lehrprogrammen zur persönlichen Verwandlung ist konsequentes Praktizieren ein wichtiger Garant für den Erfolg. Wenn es als »lästige Pflicht« empfunden wird, ist es natürlich nutzlos, damit zu beginnen. Was die Seele nicht mit Freude oder zumindest Vergnügen und Hoffnung tut, veranlasst sie kaum dazu zu wachsen.

Im vorliegenden Fall genügen schon fünf Minuten am Tag, um einen wunderbaren inneren Reinigungsprozess in Gang zu bringen. Die Arbeit beginnt an einem Montagabend und endet an einem Sonntagabend, und zwar so viele Wochen lang, wie wir es als notwendig empfinden und die positive Wirkung feststellen. Natürlich ist es wichtig, uns für jede Übung Zeit für uns allein zu nehmen.

1) **Montag** *(Verbindung mit den Energien des Mondes)*
   Die Übung besteht darin, dass Sie sich innerlich fragen: »Welche Gefühle haben mich heute und in den letzten Tagen eventuell getroffen und aus dem Gleichgewicht gebracht?«
   Seien Sie sehr ehrlich zu sich selbst und geben Sie sich vor allem auf keinen Fall für irgendetwas die Schuld. Ihr Ziel wird es einfach sein, sich selbst zu beobachten, um zu ermitteln und festzustellen, was Sie berührt oder verletzt hat.
   Halten Sie während dieser nach innen gekehrten Übung eine kleine Schale mit Wasser in den Händen, idealerweise mit zugesetztem Rosenwasser oder Rosenessenz.
   Das Wasser wird die energetischen Rückstände der aufwühlenden Gefühle absorbieren, die Ihnen begegnen werden.

2) **Dienstag** *(Verbindung mit den Energien des Mars)*
   Ihre Frage lautet: »Habe ich mich heute oder in den letzten Tagen bedauerlich verhalten oder etwas getan, wovon ich weiß, dass es schädlich war? Was konnte ich also in mir selbst nicht kontrollieren?«

Seien Sie aufrichtig und antworten Sie ehrlich, ohne sich die Schuld für irgendetwas zu geben, denn Sie sind hier, um zu lernen.
Während Sie dieses Selbstgespräch führen, halten Sie ein kleines Gefäß in den Händen, das mit Erde oder Sand gefüllt ist. Sein Inhalt wird die giftigen Rückstände der ätherischen und mentalen Energien absorbieren, die in Ihrer Aura verblieben sind.
Geben Sie den Inhalt nach der Übung respektvoll an die Erde zurück, die die darin enthaltenen Unreinheiten verarbeiten wird.

3) **Mittwoch** *(Verbindung mit den Energien des Merkur)*
Stellen Sie sich die folgende Frage: »Was konnte ich heute oder in den letzten Tagen durch meine Einstellung oder meine Worte kommunizieren oder aussenden? Wurde ich geformt oder habe ich gegeben?«
Halten Sie währenddessen eine angezündete Kerze in den Händen. Nachdem Sie die Übung beendet haben, löschen Sie die Flamme schnell zwischen zwei Fingern. Dadurch vermeiden Sie, sie auszupusten, um die darin lebenden feinstofflichen Präsenzen nicht mit einer Luft zu zerstreuen, die eventuell mit pranischen Abfällen belastet ist.

4) **Donnerstag** *(Verbindung mit den Energien des Jupiter)*
Ihre Frage lautet wie folgt: »Habe ich heute oder in den letzten Tagen eine konstruktive Initiative ergriffen oder jemandem in diesem Sinne geholfen? Falls ja – oder nein –, aus welchem wahren Grund?«
Schummeln Sie auch hier nicht. Welcher Bereich

Ihres Wesens wurde unterstützt oder war im Gegenteil unzufrieden, ja sogar frustriert oder neidisch? Während Sie dieses Selbstgespräch führen, legen Sie Ihre Hände mit den Handflächen nach oben etwas vor sich ab wie Waagschalen ...
Auf welcher Seite ist die Schale schwerer? Auf der linken Seite des Herzens oder auf der rechten Seite der Berechnung?
Beenden Sie Ihre Innenschau, indem Sie Ihr Bewusstsein auf die Mitte Ihrer Brust richten und, nachdem Sie lange eingeatmet haben, durch diesen Bereich »ausatmen«.

5) **Freitag** *(Verbindung mit den Energien der Venus)*
Die Übung konzentriert sich auf die folgende Frage: »Konnte ich heute oder in den letzten Tagen Liebe oder Freundschaft zeigen? Falls ja, geschah das spontan und aufrichtig? Falls nein, was hat mich daran gehindert?«
Machen Sie auch hier bei der Ehrlichkeit keine halben Sachen. Sie sind hier, um Klarheit zu erlangen, und nicht, um sich selbst etwas vorzumachen.
Verschränken Sie bei dieser Übung die Arme über Ihrer Brust, mit dem rechten Arm über dem linken. Wenn Sie sie schließlich wieder öffnen, sehen Sie vor Ihrem geistigen Auge das Bild einer oder mehrerer Personen, bei denen Sie sich selbst versprechen, ihnen ab sofort Liebe oder Freundschaft zu zeigen.

6) **Samstag** *(Verbindung mit den Energien des Saturn)*
Dies ist der Moment, um Ihre Woche Revue passieren zu lassen. Ihre heutige Fragestellung betrifft Ihre

gesamten Handlungen, Gefühle und Gedanken: »War ich in dieser Woche Meister meiner Handlungen, der Gedanken, die mir durch den Kopf gegangen sind, und der Gefühle, die ich empfunden habe? In welchem Bereich war ich am leichtesten aus dem Gleichgewicht zu bringen? Womit bin ich wiederum am zufriedensten?«

Nehmen Sie ein Blatt Papier und fassen Sie für jeden der genannten Bereiche mit einem einzigen Wort die Versäumnisse oder die Zufriedenheit zusammen, von denen ihre Woche geprägt waren.

Falten Sie das Blatt dann bewusst in vier Teile, um das archetypische und verwandelnde universelle Kreuzzeichen darauf einzuprägen, und verbrennen Sie es immer noch bewusst, während Sie um die Manifestation des Göttlichen in Ihnen bitten.

Einst wurde auf Sand geschrieben und dann das Geschriebene mit der Hand weggewischt, während ein Gebet rezitiert wurde.

7) **Sonntag** *(Verbindung mit den Energien der Sonne)*

Ihre Aufgabe ist es, zwei kleine persönliche Gebete zu verfassen.

Das erste ist ein Dankesgebet an die göttliche Präsenz für alles, was Sie in der vergangenen Woche erleben und lernen durften, Angenehmes wie Schwieriges.

Das zweite richtet sich an das Beste Ihres Wesens, an den Bewusstseinsraum in Ihnen, von dessen Schönheit und Wahrhaftigkeit Sie wissen und der Sie wahrhaftig repräsentiert. Es handelt sich um Ihr höheres Bewusstsein. Bitten Sie es, Ihre neue Woche danach auszurichten, was nach Ihrem Wissen verbessert werden muss.

Der Erfolg dieser siebten Übung hängt von der Spontaneität ab, mit der Sie sich durch diese beiden inneren »Ansprachen« an die Sonne Ihres Wesens wenden. Sie brauchen kein besonderes »Talent«, um sich diese beiden kleinen Gebete auszudenken. Ihr Herzensimpuls genügt.

Ich bin mir sicher, dass dieser Kalender mit seinem simplen Aufbau manch einem kindisch vorkommen wird.

Intellektuell können wir uns durchaus fragen, welche direkte Beziehung es wohl zwischen einem »introspektiven Analysespiel« und der Suche nach dem Zustand des Einsseins in uns selbst gibt.

Um diese Verbindung herstellen zu können, müssen wir verstehen, dass die Übungsreihe, die dieser Kalender darstellt, wie ein Filter oder Sieb funktioniert.

Wir sind multidimensionale Wesen und deshalb »vielschichtig« in unserem inkarnierten Ausdruck.

Jede Übung berücksichtigt diese grundlegende Wahrheit und wurde erdacht, um die »Schwingungsräume« zu durchleuchten und zu reinigen, die die einzelnen Stufen unserer Seele und Persönlichkeit bilden. Es sind die Räume, die unsere Aura in Form von leuchtenden, farbigen Manifestationen zum Ausdruck bringt.

Mit diesem Hilfsmittel, das dazu diente, unser feinstoffliches Strahlen und erst recht die ihm zugrunde liegenden feinstofflichen Körper zu reinigen, beabsichtigten die Essener, unsere Beziehung zu anderen und zur Welt zu verändern. Daraus sollte dann rasch eine andere Selbstwahrnehmung erwachsen.

Durch eine transparente, reine Aura strebten sie einen fließenderen Kontakt mit der Welt an, um so das »Tor des Mitgefühls« im menschlichen Herzen aufzuzeigen und zu öffnen.

Für sie war das der Beginn der wahren Rückkehr zum Selbst oder mit ihren eigenen Worten der Kontakt mit der »Präsenz der Ewigkeit« in uns selbst.

Es war eine andere Methode, um den Zustand des Advaïta herbeizuführen ...

Ein Frühlingsnachttraum

Lassen Sie mich Ihnen nun von einem Traum erzählen. Er ist schon einige Jahre her, aber er war so machtvoll, dass er für immer mein Gedächtnis prägen wird. Es war einer dieser besonderen Träume, die auf der energetischen Brücke stattfinden, die die Ufer des Geistes und der Seele miteinander vereint. Er ist voller archetypischer Präsenzen, Prinzipien, die sich immer als Träger einer oder mehrerer Informationen göttlichen Ursprungs herausstellen.

Dieser Traum, den ich Ihnen gleich schildern werde, hat unauslöschlich geprägt, wie ich das unaussprechliche Gefühl des Einsseins betrachte und verstehe, dessen Erinnerung wir alle, und sei es nur unbewusst, in uns tragen.

Damals lebte ich bereits seit vielen Monaten allein in einem Holzhaus mitten in einem Wald in Québec. Für manchen eine idyllische Vorstellung ... aber es war auch eine

Situation, die mich zur ständigen Konfrontation mit mir selbst zwang ... wesentlich anspruchsvoller als ein Verwandlungskalender der Essener.

Alles trug sich in einer Frühlingsnacht zu ...

Zuerst sah ich mich selbst, wie ich aufstand und langsam die enge Holztreppe hinunterstieg, die ins Erdgeschoss meiner Behausung führte. Eigentlich hätte es überall stockdunkel sein müssen, aber dem war nicht so. Das Wohnzimmer, in das die Treppe führte, war in klares Licht getaucht. Durch zwei große Panoramafenster sah ich den Wald in etwa 20 Metern Entfernung, der ebenfalls von unwirklichem Sonnenlicht durchflutet wurde.

Ohne weiter abzuwarten und als ob ich wüsste, was passieren würde, trat ich auf eines der Fenster zu und ließ meinen Blick über die Baumstämme schweifen.

Ganz ohne Frage war dort Hochsommer ... Die letzten Streifen Schnee, die ich noch wenige Stunden zuvor dort gesehen hatte, waren verschwunden. An ihrer Stelle breiteten sich überall unterm Blätterdach riesenhafte Farne aus.

In diesem Augenblick bemerkte ich, wie sich etwas zwischen den Ahornbäumen, Birken und Kiefern regte. Es waren Tiergestalten ... Überall tauchten plötzlich aus den Tiefen des Waldes Tiergestalten auf! Gleichmäßigen Schrittes kamen sie immer näher und schienen alle auf mein Haus zuzustreben.

Ich empfand keine Angst ... Ich weiß noch, dass ich sogar sehr glücklich über all das war, fest davon überzeugt, dass etwas Schönes und Großartiges geschehen würde.

Kurz darauf trat das, was bis dahin nur Tiergestalten gewesen waren, aus dem Baumdickicht hervor ... Ich erkannte einen großen Braunbären, einen Wolf, einen Elch, einen Kojoten, einen Luchs, einen Wildtruthahn, ein Murmeltier, ein Reh, unzählige Kaninchen und dann ... und dann kamen alle oder fast alle Tiere der Schöpfung aus dem Wald hervor. Sogar Löwen und Tiger waren darunter! Der Bär schien ihnen voranzugehen, als würde er ihnen einen einzigen Willen auferlegen, als würde er eine Kraft kanalisieren, die ihn selbst überstieg.

Dann begannen die zahllosen Tiere hinter ihm, meine Behausung zu umrunden. Es war ein langsamer, feierlicher Marsch ... göttlich tierisch, möchte ich sagen ... und so magisch, dass ich mir nicht mehr der Panoramafenster und Holzwände bewusst war, die mich von ihnen trennten. Ihre Grenzen waren verschwunden, gewissermaßen ausradiert von der Erweiterung, die mein Bewusstsein erfasst hatte. Und dann stand ich plötzlich auf der Wiese inmitten eines majestätischen Kreises aus all diesen Tieren ...

In meiner Seele gab es keine Fragen, keine Furcht. Ich erlebte vollkommenes Glück, ein unbeschreibliches Glück, das ich nicht hatte kommen sehen, so sehr hatte es urplötzlich mein ganzes Wesen ergriffen.

Seine Welle wirkte nicht nur auf meinen Bewusstseinszustand ein; ich fühlte, dass sie mich innerlich durchdrang, auch wenn ich all das zweifellos in meinem Seelenkörper erlebte. Ich erinnere mich, dass ich kurz dachte, dass alles jäh enden würde wie unter der Einwirkung von zu viel Licht. Aber das Fantastischste sollte erst noch kommen ...

Mit der ruhigen Kraft eines Meisters löste der Bär sich aus dem Kreis und bewegte sich auf mich zu, bis ich seinen Atem spürte.

Was geschah dann? Ich werde wohl nie die richtigen Worte finden, um es zu beschreiben ...

Mir schien, dass dieser Bär mich in sich aufnahm oder im Gegenteil alle anwesenden Tiere in mich eindrangen.

Ich erinnere mich an verwirrende und köstliche Momente; sie waren Ruhe und Explosion zugleich. Wie ließe sich jemals die essenzielle Wahrheit dieser Vermählung zum Ausdruck bringen?

Ich fühlte mich als Tier und als Mensch zugleich und dadurch menschlicher als jemals zuvor. Welche Kraft und Freude darin lag!

Aber auch da war alles noch nicht zu Ende ... Es konnte noch nicht zu Ende sein, weil es war, als hätte sich in meiner Brust ein Portal weit geöffnet und als würden dort alle Winde des Lebens hindurchziehen.

Nach der Tierseele drang die Seele der hunderttausend Pflanzen des Waldes in mich ein. Ich teilte ihr Bewusstsein, ihre Art zu atmen, alles zu tränken, alles zu nähren, vom kleinsten Blättchen bis zu ihren Baumwipfeln, Lichtungen, Tälern, Bächen und Seen.

Das Einssein war vollkommen und so sanft wie ein Zyklon aus Licht. Was soll ich noch sagen? Es gab nicht den geringsten Unterschied zwischen »meinem Zustand« und »dem Zustand von Allem«. Ich hatte keinen »eigenen« Körper und keine »eigene« Seele mehr, denn ich war in Allem. Selbst meine Gedanken waren nicht mehr »meine«. Waren das überhaupt Gedanken, die »in mir« kreisten? Ich glaube nicht, es befand sich über dem Denken.

Dann, langsam wie ein Taucher, der sich an die Oberfläche eines Sees hochsteigen lässt, kehrte ich wieder in meine dumpfe Wirklichkeit zurück. Ich hatte das Gefühl, dass »jemand das Licht ausgemacht« hatte, und wachte sanft zwischen den Laken meines Bettes auf. Die Nacht war stockfinster, und draußen ließ der Wind die Holzbalken meiner Behausung knarren.

Verständlicherweise konnte ich mich mehrere Tage lang nicht vom prägenden Eindruck dieses Traumes befreien. Ohne dabei Schmerz zu empfinden, strömten mir von morgens bis abends fast unablässig Tränen über das Gesicht.

Obwohl es in meinem Traum gar nicht erschienen war, rückte dann seltsamerweise still und leise das menschliche Wesen in seiner Gesamtheit ins Zentrum meines Bewusstseins.

Ein unerklärliches Gefühl der Brüderlichkeit und des Mitgefühls mit unserer Spezies ergriff mich. Jeder Mann, jede Frau begann mir als einfache Zelle eines immensen Körpers zu erscheinen, einer gigantischen Wirklichkeit, der auch ich angehörte.

Ganze Tage lang erfuhr und erlebte ich so das Gefühl der Verschmelzung. Es war mir unmöglich, irgendetwas zu analysieren oder mir Notizen zu machen. Ich konnte nur leben, was sich darbot, was mich mit sich forttrug.

Es konnte nun nicht mehr das geben, was mich leiden ließ oder mich stützte. Es gab ... eine Art heiligen Duft, der mir geschenkt worden war und den ich niemals, niemals vergessen durfte ... aber den ich immer versuchen musste wieder auferstehen zu lassen wie ein Bindeglied zwischen allem und Allem.

Absolutes Mitgefühl für alles, was ist, erschien mir nun klar als Schlüssel zum Einssein ...

Das Hindernis, das einzig wahre Hindernis, das es zu überwinden galt, war zweifellos das Vergessen. Ja, das Vergessen unseres Ursprungs, unserer ersten Identität, die tausend Fallen schuf, durch die wir regelmäßig ins Leid stürzten ...

Die Macht der Erfahrung

Heute bin ich dank dieser und vieler anderer Erfahrungen mehr als je zutiefst davon überzeugt, dass die Entdeckung des Herzensfriedens und des Gefühls des Einsseins *mit allem* nicht im *Glauben* an eine höhere Macht liegt, welchen Namen wir Ihr auch immer geben. Zu glauben ist ohne Frage schön und respektabel, aber es ist unbestreitbar, dass wir immer den Glauben wechseln können und ihm dem Rhythmus unserer Lebensereignisse entsprechend ein anderes Gesicht geben können, ohne dabei immer gleich viel Gelassenheit und Freude zu finden.

Tatsächlich lassen uns weder ein Glaube noch eine Ansammlung von Daten uns selbst in der Wahrheit unserer Essenz entdecken. Nur die Erfahrung des Göttlichen in uns und Seiner Präsenz *in allem* sind zutiefst und endgültig befreiend.

Glauben Sie mir: Dieses Erlebnis ist nicht nur einigen privilegierten Personen vorbehalten. Es ist nichts Außergewöhnliches oder Zufälliges. Es ist eine Frage der Einfachheit und der Entschlossenheit verbunden mit dem Wagemut des Lebens.

Das Leben, das wahre Leben ist nicht zu rezitieren, sondern in jedem Augenblick zu erfinden, so wie wir es in unserem Herzen tragen.

Die Gnostiker haben den Begriff der Erfahrung des Göttlichen genau verstanden. Sie haben dazu Unmengen an Übungen ganz ähnlich wie in diesem Buch entwickelt.

Um uns selbst in Bewegung zu setzen, müssen wir uns dazu befähigen und dürfen dann nicht nachlassen. Wir müssen uns auch auf das Licht konzentrieren statt auf den Schatten, den es wirft ... denn die Präsenz des Göttlichen, zu der ich Sie aus tiefstem Herzen einlade, bedeutet nicht die Präsenz des Bösen. Das Göttliche, das wir alle in uns tragen, befindet sich jenseits der starren Masken von Gut und Böse.

Es ist ein Atem, der alles mit sich fortträgt und mit dem wir uns füllen müssen, indem wir uns von allen Konditionierungen entleeren.

Wir sind so viel mehr als unser Körper und unsere Gedanken! Wir sind auch so viel mehr als unsere Seele!

Das Gelübde der Gelübde

Um einen weiteren Schritt in diese Richtung zu gehen und Sie noch mehr hin zum Idealzustand des Einsseins zu führen, der das Ergebnis unserer so langen Pilgerreise durch die Zeit ist, werde ich Sie nun noch einmal in Richtung Osten mitnehmen.

Tatsächlich gibt es in der buddhistischen Tradition ein besonderes Gelübde, das uns stärken kann, weil es uns zutiefst dem Schlüsselweg des Mitgefühls verpflichtet. Übrigens handelt es sich um ein Gelübde, das irgendwann einmal in der Geschichte von allen Weisen und Meistern aller Kulturen abgelegt wurde. Traditionell wird es das Boddhisatva-Gelübde genannt.

Wem das bisher noch unbekannt war, dem sei erklärt: Es besteht darin, bewusst und wissentlich das Gelübde abzulegen, in diese Welt zurückzukehren, bis der letzte ihrer Bewohner einen höheren Bewusstseinszustand erreicht hat, was einem das Tor zur eigenen Befreiung öffnet.

Natürlich ist das ein folgenreiches Gelübde, da derjenige sich dazu verpflichtet, jeder Lebensform, die derselben »Sphäre« angehört wie er, unermüdlich und zeitlich unbegrenzt bei ihrem »Aufstieg« zu helfen.

Wem gegenüber verpflichtet man sich mit einem solchen Gelübde? Gegenüber dem Göttlichen, also gegenüber sich selbst beziehungsweise der eigenen Essenz. Es handelt sich also um eine Verpflichtung, die man gegenüber seinem Selbst eingeht und die daher vom Herzen zum Herzen führt.

Es wird von keiner übergeordneten Instanz sanktioniert. Den, der es ausspricht, wirft es nur auf sich selbst zurück. Während es den absoluten Willen zum Geben gegenüber jeder Lebensform zum Ausdruck bringt, stattet es denjenigen in seinem Fortschrittswillen zugleich mit einem starken Rückgrat aus. Es schenkt also jemandem außergewöhnliche Kraft, der sich verpflichtet, der Sublimierung von allem, was ist, zu dienen. Es ist gut, sich dessen bewusst zu sein.

Dieses Gelübde ist gewissermaßen der Spiegel des berühmten Ausspruchs: »Hilf dir selbst, dann hilft dir Gott«, da es uns sagt: »Hilf dem Leben, dann hilft dir das Leben.«

Wenn wir ein wenig über die Tragweite dieser beiden Aussprüche nachdenken, kommen wir einmal mehr zu dem Schluss, dass alles nur Eines ist, denn wie auch immer wir das Gesetz des Lebendigen betrachten – aus ihm spricht stets dasselbe ultimative Ziel.

Der universelle Christus ist in uns selbst zu wecken, bevor wir in unserer Welt wiedererweckt werden können.

Auch wenn das etwas profan klingen mag – ich persönlich halte das Boddhisatva-Gelübde für wahren »spirituellen Dünger«.

Warum das? Weil es das tiefe Wesen auf einen Weg der Rechtschaffenheit, Willenskraft und Liebe führt, der ihm durch seine Dauerhaftigkeit Stärke und Macht verleiht. In gewisser Weise markiert es den absichtsvollen Eintritt des Bewusstseins in die universelle Schule des Lebens.

Natürlich haben die Asiaten eine Zeremonie für dieses Gelübde, denn jede feierliche Zeremonie hinterlässt auf der Ebene des Wesens ihre Wirkung. Ein aufrichtiges Gelübde prägt sich in der Seele ein wie ein Siegel, das sie regelmäßig an ihren idealen Kurs erinnert.

Im Übrigen hindert uns nichts daran, ohne jede Tradition, auf unsere Weise und unserem Herzen entsprechend unser eigenes Boddhisatva-Gelübde abzulegen.

»Das Beste im Menschen gehört nicht irgendeinem Glauben. Es zeugt vom unendlichen Raum des Göttlichen.«

Diese Worte wurden mir vor nicht allzu langer Zeit durch Babaji übermittelt. Mit ihnen wies er darauf hin, dass jeder von uns die Fähigkeit und das angeborene Recht hat, Orte und Momente zu heiligen, um eine Aufgabe zu erfüllen, die zum Ziel hat, dem Göttlichen näher zu kommen und sich mit ihm zu vereinen. Es war seine Art und Weise, mich an unser natürliches Recht zu wahrer, spontaner Priesterschaft zu erinnern.

Im Grunde ist es daher an uns, dort, wo wir gerade stehen, zu einem Ort der Begegnung zu werden, zu einem Übermittler der göttlichen Welle. Das ist zumindest unser Ziel und unsere Bestimmung.

Über die Übungen hinaus: Das Gelübde nach Babaji

Für alle, die sich vom Weg des Dienens und des Wachstums des Boddhisatva berufen fühlen, folgt hier die entsprechende Zeremonie, die mir von Babaji übermittelt wurde.

Ich weise darauf hin, dass sie nicht als starres Schema anzusehen ist. Sie gehört keiner Tradition an, es sei denn dem tiefsten Inneren der menschlichen Seele. In diesem Sinne kann also jeder sie an sein eigenes Empfinden anpassen. Achten Sie dabei aber darauf, die Einfachheit und somit die klare Absicht der Zeremonie zu bewahren.

1) Zunächst einmal ist es wünschenswert, darauf zu achten, über einen Zeitraum von 24 Stunden nur Früchte zu sich zu nehmen. Das dient dazu, klare Gedanken zu fassen und den Körper zu entlasten, ohne Unwohlsein zu verursachen.

2) Zu Beginn dieses Zeitraums bestimmen wir, wann genau die Zeremonie für das Gelübde stattfinden soll. Durch die Festlegung eines Termins geben wir uns die Möglichkeit, unsere Absicht im Unsichtbaren zu heiligen und in einem anderen Rhythmus zu leben.

3) Während der 24-stündigen Vorbereitungszeit tragen wir dafür Sorge, den Ort vorzubereiten und zu weihen, an dem das Ritual stattfinden wird. Wir errichten einen kleinen Altar, vor dem das Gelübde abgelegt wird.
Dort platzieren wir ein Symbol, das unser persönliches spirituelles Ideal verkörpert, zum Beispiel ein Symbol unserer Tradition, falls wir einer angehören, oder eines, das am meisten zu uns »spricht«.
Wir stellen auch eine frische Blume, eine Wasserschale, etwas Erde und eine entzündete Kerze dorthin und verbrennen etwas Weihrauch.

4) Wenn der Zeitpunkt der Zeremonie näher rückt, achten wir darauf, dass wir nicht gestört werden können, und gehen zu unserem Altar, um eine für uns passende Position davor einzunehmen, wobei unsere Wirbelsäule immer so aufrecht wie möglich ist.
Nun ist die Zeit für eine Innenschau gekommen. Was tun wir hier wirklich? Ist unser Herz wirklich zugegen? Es wird gleich darauf ankommen, eine klare Ab-

sicht zu bekunden. Dies ist die Gelegenheit, um uns das noch einmal zu verdeutlichen.

5) Nun begeben wir uns in eine tiefe Meditation, in der wir versuchen, eine Leere in unserem Geist entstehen zu lassen, und uns auf den Raum unseres Herzens zu konzentrieren. Dort rufen wir frei und entspannt die göttliche Welle herbei.

6) Wir werden den richtigen Moment spüren, um dieses Gebet oder diese Anrufung des absoluten Lichtes ganz bewusst auszusprechen:

   »*Herz meines Herzens, Atem des Göttlichen in meiner Mitte, Gedächtnis der ewigen Gegenwart, empfange in diesem heiligen Augenblick meine Bitte.*
   Hilf mir, die Kraft zu finden, der Meister meiner Seele und der Diener des Lebens zu sein.
   Hilf mir, unermüdlich daran zu arbeiten, dass Liebe aus jedem meiner Schritte, jeder meiner Gesten, jedem meiner Worte und jedem meiner Gedanken spricht.
   Möge mein Atem für immer den Atem jedes Lebewesens unterstützen.
   Mögen meine Hände lindern, mein Blick erhellen, meine Worte anleiten, was ist.
   Möge die Sonne der Ewigkeit in diesem Augenblick den Impuls meiner Seele empfangen.
   Herz meines Herzens, ich gelobe hiermit feierlich, für immer der Präsenz des Lebendigen unter allen Himmeln dieser Welt zu dienen.
   Akzeptiere meine Darbringung.«

7) Jeder kann nun sein Herz sprechen lassen und frei sein eigenes Gelübde des Dienens anschließen.

8) Die Zeremonie endet mit der Einladung einer langen, tiefen Stille in uns. Sie wirkt wie ein Siegel auf die Seele.

Wie wir sehen, ist dieses Ritual, das grundsätzlich allein durchgeführt werden sollte, aber auch in einer kleinen Gruppe stattfinden kann, alles andere als belanglos, da es die Seele mitten in eine zugleich anspruchsvolle und schöne Aufgabe in der von uns sogenannten Zeit katapultiert.

Wer das Boddhisatva-Gelübde ablegt, verpflichtet sich dazu, eine Fackel zu ergreifen und nicht mehr loszulassen. Er bekräftigt seinen Willen, von Leben zu Leben eine Art leuchtende Staffel an sich selbst weiterzureichen, um an der kollektiven Befreiung aller Wesensformen mitzuwirken.

Kann man sich eine schönere Verpflichtung vorstellen und die große treibende Kraft des Lebens nutzbringender nähren?

Daher ist es so wichtig, gut darüber zu meditieren und es nicht auf die leichte Schulter zu nehmen ... auch wenn es dazu beitragen kann, dass uns »Flügel wachsen«.

Ein Körper, eine Seele

Dieses Gelübde scheint mir umso wichtiger und bedeutsamer, als es uns dazu ermuntert, uns näher mit der überaus engen Verbindung zu befassen, die zwischen uns und der Gesamtheit dessen existiert, was ist, ohne räumliche oder zeitliche Begrenzungen. In diesem Sinne bezeugt es die Notwendigkeit der Vereinigung und Verschmelzung aller Bestandteile dessen, was wir allgemein die Schöpfung nennen ... und sogar weit über das hinaus, was wir davon verstehen.

Wenn wir uns der tiefgreifenden Bedeutung all dessen bewusst werden, werden wir unweigerlich erkennen, wie absurd alle unsere egozentrischen Reflexe sind.

Dann hören wir auf, immer nur um uns selbst zu kreisen, und arbeiten nicht mehr an unserem »kleinen persönlichen Fortschritt«, an unserer göttlichen Verwirklichung, sondern an der Erleuchtung aller Lebensformen.

Diese sehen wir dann nicht nur als Lebensformen mit derselben Grundnatur wie wir selbst, sondern als festen Bestandteil der immanenten göttlichen Präsenz.

Dann gibt es zum Beispiel keine Grenze mehr zwischen einem Bergkristall und uns, einer Jasminblüte und uns oder auch einer einfachen Biene oder einer Katze und uns ... Und wer ist überhaupt dieses »uns«?

Im Westen kann uns das übertrieben vorkommen, wurden wir doch dazu erzogen, alles zu unterteilen und zu klassifizieren und uns gleichzeitig an die Spitze der Lebenspyramide zu setzen. Aber diesen bewussten, befriedeten und freudigen Zustand erreichen wir genau über diesen Weg. Er liegt auch dem Verwirklichungszustand aller aufgestiegenen Meister zugrunde. Daher ist es so absolut notwendig zu lernen, das Phänomen des Lebens, der Energie, des Bewusstseins ganzheitlich und nicht bruchstückhaft zu denken.

Einige Weise haben gesagt, dass kein Blatt sich von einem Baum löst, ohne dass die Ordnung des Universums dadurch verändert wird. Nichts könnte wahrer sein.

Alle von uns, die schon das Glück hatten, transzendentale Erfahrungen zu machen – und wir können uns sicher sein, dass wir alle dazu eingeladen sind – wissen um die »Tatsache«, dass alles, was ist, nicht nur derselben Familie angehört, sondern auf eine einzige, einzigartige Wirklichkeit hinausläuft.

Es mag sich nicht beweisen lassen, aber es lässt sich erfahren!

Letztendlich sind wir alle Teil eines einzigen Körpers, einer einzigen Seele, und befinden uns auf dem Weg zu einem einzigen Geist.

Ich bin mir durchaus bewusst, dass diese Tatsache und dieser Seinszustand nur sehr langsam verinnerlicht werden können. Leider reicht es nicht aus, es nur auszusprechen und als Grundannahme intellektuell zu akzeptieren, um es sich zu eigen zu machen und es zu leben.

Dennoch gibt es besondere Momente in unserer Entwicklung, in denen uns die Möglichkeit geschenkt wird, echte »Quantensprünge« zu vollziehen. Ich bin mir sicher, dass wir jetzt gerade einen davon erleben.

Für mich besteht kein Zweifel, dass die Menschheit auf allen Ebenen eingeladen ist, sich im Kopf und damit auch »im Herzen« zu öffnen. Warum das? Weil der Weg des Herzens der Weg der wahren sich ausdehnenden Intelligenz ist.

Hass, Gewalt, Bösartigkeit, Egoismus, Egozentrismus, Habgier, Hochmut, Neid und alles, was die Mikrosphäre der inkarnierten Persönlichkeit verkleinert – all das ist das Resultat mangelnder Intelligenz, eines Grundzustands des Wesens, dem es nicht gelingt, sich aus dem ermüdenden Kreis der Dualität zu befreien.

Unsere Herausforderung heute ist individuell und kollektiv. Sie wendet sich an die feinstofflichsten wie grobstofflichsten Teilchen, aus denen wir gemacht sind, an die Zellen des göttlichen Körpers, den jeder von uns repräsentiert, und an unser kollektives Bewusstsein auf dem Weg zu dem, das man das große Alles der Liebesenergie nennen könnte.

Werden wir an diesem Beginn eines neuen Zeitalters Verfechter des Friedens sein, Einiger statt Spalter? Die Antwort liegt in jedem selbst. Sie entscheidet sich im Schmelztiegel des Herzens.

Das Geheimzeichen

Hier nun noch ein weiteres kleines »Zeichen«, das ich mit Ihnen teilen möchte, bevor ich Sie all diesen Betrachtungen und Einladungen zur Praxis des Erwachens überlasse.

Es handelt sich um eine Art Geheimzeichen, das mir von Christus selbst in der Person Jesu anvertraut wurde. Es ist so wirkungsvoll wie einfach und spontan.

Es besteht darin, in jeglicher Situation Stille in uns selbst entstehen zu lassen und unsere Gedanken auf ein Wesen zu richten. Das kann selbstverständlich ein notleidender Mensch sein, dem wir helfen möchten, aber es kann auch ein leidendes oder gestorbenes Tier am Straßenrand sein. Es spielt keine Rolle ...

Was zählt, ist, dem Wesen die schönste Liebeswelle zu senden, zu der wir imstande sind, und es uns in Licht gebadet vorzustellen.

Daran ist wohl nichts Außergewöhnliches, aber in einem bestimmten Moment, mit etwas Übung, wenn wir in unserer Anrufung und unserer Vision nicht »nachlassen«, wird uns von der Mitte unseres Rückens, also unserem Herz-Chakra, aus plötzlich ein kleines Schaudern über den Rücken laufen.

Dieses Zeichen bedeutet, dass sich unser »Kanal des Mitgefühls« erweitert hat. Es zeugt von der Richtigkeit der Welle, die wir ausgesendet haben, und der Antwort des Göttlichen in uns.

Es ist schon fast kindisch ... aber wir müssen fragen, uns um Wahrhaftigkeit bemühen ... und Vertrauen schenken.

Zweifellos können so wahre »Wunder« vollbracht werden, die »Innen« und »Außen« in einer einzigen Wirklichkeit vereinen.

Um diese Seiten abzuschließen, die über weite Strecken meine eigene innere Reise widerspiegeln, und um in der versöhnenden Strömung des universellen Christus zu bleiben, möchte ich hier noch ein Gebet folgen lassen, das Meister Jeshua seinen Jünger Johannes lehrte.

Ich konnte es vor relativ kurzer Zeit in der Akasha-Chronik ausfindig machen.

Es ist offenkundig ein reines Gebet des Herzens. Es beruft sich auf kein Dogma. Es verbindet uns einfach nur mit unserem Ursprung.

Zwar richtet es sich dennoch an unseren universellen Vater, aber das liegt an der Epoche, in der es verfasst wurde. Es versteht sich von selbst, dass dieser Vater, an den es sich richtet, der absolute Mutter-Vater ist, die Quelle von Allem.

Er ist das ewige Leben, das Göttliche, das auf seine Stunde in uns wartet.

Meister Jeshua wäre sicherlich der Ansicht, dass wir ihn heute durch irgendeinen Namen ersetzen können, der uns beliebt. Es ist nur ein Detail.

Davon abgesehen ist es auch ein seltenes Gebet, denn es bittet um nichts, sondern dankt für alles.

Ich wünsche Ihnen, dass Sie es sich zu eigen machen ...

Gebet der Dankbarkeit

Mein Vater, ich danke Dir für die Gabe des Sehens. Erlaube mir, dessen würdig zu sein und hinter das zu blicken, was es zu sehen gibt.

Mein Vater, ich danke Dir für die Gabe des Hörens. Erlaube mir, sie zu nutzen, um Deine Stimme verborgen hinter allem zu hören, was gesagt wird.

Mein Vater, ich danke Dir für die Gabe des Wortes. Erlaube mir, es leben zu lassen, um Deine Gegenwart in allem zu besingen.

Mein Vater, ich danke Dir für die Gabe des Berührens. Erlaube mir, stets die Wärme Deines Lebens im Herzen von allem zu erkennen, was sich regt oder zu schlafen scheint.

Mein Vater, ich danke Dir für die Gabe, durch die ich die hunderttausend Düfte dieser Welt wahrnehmen kann. Erlaube mir, mich bei jedem Einatmen meiner Brust und meiner Seele an Deine Essenz zu erinnern.

Mein Vater, ich danke Dir für all die Kräfte, mit denen Du mich erfüllt hast.
Mögen durch sie meine Schritte wissen, wohin sie sich richten sollen, und möge mein Herz niemals vergessen, welche Richtung du in es eingeschrieben hast.
Stärke meinen Willen, auf dass die Flamme in mir niemals flackern wird.

Mein Vater, ich danke Dir für die Hindernisse, die Du mir bereitest, denn ich weiß, es ist Dein Wille, dass mein Auge alle Dinge vereint, mein Ohr nur Deinen Atem hört, meine Lippen nur aussprechen, was richtig ist, meine Hand nur das Leben webt und meine Nase nur Deinen Duft im Herzen dieser Welt wahrnimmt.

Mein Vater, ich danke Dir für Dein Ansinnen, mich ohne Unterlass daran zu erinnern, gerecht zu ermessen, was sich mir eröffnet, und die Klarsicht zu besitzen, stets Glück darin zu finden.

DER AUTOR

Daniel Meurois wurde 1950 in Frankreich geboren. Er betätigt sich als ein wahrhafter Erforscher neuer Bewusstseinsebenen und ermutigt uns unablässig, die Multidimensionalität unseres Universums auf eine ganz andere Art zu betrachten. Ebenso fordert er uns auf, dass wir - auf der Suche nach unserer Identität - zunehmend eine neue Sicht von uns selbst entwickeln. Doch hinter dem kühnen Philosophen und Lehrer verbirgt sich auch ein authentischer Schriftsteller, dem es sehr an einer Schönheit der Sprache gelegen ist ... damit diese die Schönheit des Lebens entsprechend zum Ausdruck bringt.

Das literarische Werk von Daniel Meurois ist vielseitig, beeindruckend, mitunter auch überraschend, und dabei immer außergewöhnlich und bahnbrechend.

Nicht ohne Grund sind viele der Bücher, die er im Laufe seiner über vierzigjährigen Tätigkeit als Autor geschrieben hat, internationale Bestseller geworden. Seine 41 Bücher und über 100 Veröffentlichungen in 17 verschiedenen Sprachen machen ihn sicherlich zu einem der Pioniere des Neuen Bewusstseins ... zu einem Wahrheitsforscher, der getreu Zeugnis von seiner Arbeit ablegt und dabei mutig das Universum des Geistes erkundet.

Heute lebt Daniel Meurois in der Nähe von Québec und arbeitet unermüdlich daran, die Herzen der Menschen durch seine einzigartige literarische Arbeit, seine Seminare und Vorträge zu öffnen.

www.danielmeurois.com

480 Seiten, gebunden
ISBN 978-3-96933-044-9
€ [D] 28,00

Daniel Meurois

Jesus. Die unbekannten ersten dreißig Jahre

Die Zeit des Erwachens

Lange verborgen, jetzt offenbart – Jesu verschollene Jahre. Alles Überlieferte begann, als Jesus schon ein erwachsener Mann war, das Wort Gottes predigte und bereits Wunder vollbrachte. Aber was wissen wir über sein Leben davor? Über seine Kindheit, seine Jugend?
Daniel Meurois liefert uns nun einen lückenlosen Bericht aus der Akasha-Chronik über das Leben Jesu Christi – die wohl geheimnisvollste, aufregendste und bedeutsamste Figur der Menschheitsgeschichte.

736 Seiten, gebunden
ISBN 978-3-96933-053-1
€ [D] 36,00

Daniel Meurois

Jesus. Die wahrhaftige Aufgabe und seine Jahre nach der Kreuzigung

Die Zeit der Vollendung

Daniel Meurois gewährt uns Einblicke in Jeshuas (Jesus) Erwachsenenjahre und die Zeit nach der Kreuzigung bis zu seinem Tod im hohen Alter. Er enthüllt die wahre Rolle von Judas sowie bislang unbekannte Lebensstationen von Jesus, wobei deutlich wird, dass er während seines Erdenlebens eine bedeutende Aufgabe zu erfüllen hatte. Die Taufe am Jordan markierte den Anfang seiner irdischen Mission, doch sein Wirken ging weit darüber hinaus. Daniel Meurois ermöglicht es uns, Jesu wahre Natur besser zu verstehen – auch indem wir von Lehren erfahren, die bislang im Verborgenen blieben.

224 Seiten, broschiert
ISBN 978-3-89845-598-5
€ [D] 22,00

Daniel Meurois

Das große Buch der Akasha-Chronik

Der Zugang zum universellen Weltengedächtnis

Daniel Meurois beweist, dass er sich kraft seines Bewusstseins durch die Zeit bewegen kann. Er beschreibt, wie er Zugang zur Akasha-Chronik erlangt und durch welche Arten des Reisens er sich in der Zeit bewegt. Er erläutert die Anatomie der Akasha-Chronik und lässt uns teilhaben an seinen realen Erfahrungen aus den Tiefen der Zeit. Damit bietet er uns einen einmaligen Einblick in das universelle Weltengedächtnis, durch den wir entdecken, dass die metaphysische Erfahrung der Raum-Zeit-Dimension die Tür zum Göttlichen in uns selbst weit öffnet.

384 Seiten, broschiert
ISBN 978-3-89845-521-3
€ [D] 19,95

Daniel Meurois

Jesus' Jüngerinnen

Das geistige Erbe der drei Marien

Christus hatte nicht nur männliche Begleiter, sondern auch weibliche, unter denen sich insbesondere die drei Marien hervortaten: Maria-Magdalena, Maria-Jakobea und Maria-Salome. Nehmen Sie an der Begegnung der drei Frauen teil und lernen sie den Mensch Jesus und dessen Lehren aus weiblicher Perspektive kennen.
Erstaunlich leicht lässt sich Jesus' Lehre auf die Gegenwart übertragen und kann zum Schlüssel einer geistigen Erhebung werden, die wir in den heutigen, bewegten Zeiten so dringend brauchen.

256 Seiten, broschiert
ISBN 978-3-96933-023-4
€ [D] 22,00

Marie Johanne Croteau-Meurois

Die Wunder der heiligen Jüngerinnen Maria Jakobea & Maria Salome

Nach dem Tode Jesu und auf der Flucht vor den Römern machen sich eine Gruppe Jünger, unter ihnen die Jüngerinnen und späteren Heiligen Maria Jakobea und Maria Salome, auf eine Reise ins Ungewisse. Durch die Augen Salomes lässt uns die Autorin an wahren Ereignissen teilhaben; von der Schiffsfahrt von Galiläa in die französische Camargue, wo Salome selbst sowie Martha, Miriam und vor allem Jakobea die Heilkunst, die Jesus sie gelehrt hat, praktizieren werden.
Ein Buch das ein Zeitzeuge ist für das Erbe der heiligen Jüngerinnen und Christi selbst.

208 Seiten, broschiert
ISBN 978-3-89845-640-1
€ [D] 20,00

Daniel Meurois

Maria Magdalena – das wahre Evangelium

Bis vor kurzem war der Öffentlichkeit völlig unbekannt, dass Maria Magdalena die Inspirationsquelle eines Evangeliums ist. Das Manuskript, welches ihren Namen trägt, wurde Ende des 19. Jahrhunderts entdeckt. Der Text ist faszinierend ... war aber leider unvollständig, zahlreiche Seiten fehlten.
Daniel Meurois hat sich ins Gedächtnis der Zeit vertieft und macht uns dadurch ein großes Werk ganz neu zugänglich: das verschollene Evangelium der Maria Magdalena.

224 Seiten, broschiert
ISBN 978-3-96933-066-1
€ [D] 18,00

Daniel Meurois

Die Medizin der 3 S

Sexualität ~ Sinnlichkeit ~ Spiritualität

Eine Begegnung von Körper, Seele und Geist

Die Medizin der 3 S führt unkompliziert in die Disziplin des Tantra ein, einen spirituellen Heilprozess, der nicht nur den Körper, sondern auch den Geist mit einbezieht. Die gelebte Einheit von Körper und Geist, von Sexualität und Spiritualität, erreichen als höchstes Ziel das Bewusstsein der Einheit.
Ohne Tabus oder Scheinheiligkeit nimmt Daniel Meurois uns mit auf eine sinnliche Erkundungsreise hin zur Entdeckung einer immer umfassenderen, versöhnenden Liebe.

208 Seiten, broschiert
ISBN 978-3-96933-022-7
€ [D] 16,00

Daniel Meurois

Karmische Krankheiten

Wie wir sie erkennen, verstehen und überwinden

Erkenne den Ursprung karmischer Krankheiten und heile Körper und Seele. Anhand vieler Fallbeispiele beschreibt der Autor, was die Ursachen von verschiedenen Krankheiten sein können und welche Rolle Erinnerungen aus früheren Leben dabei spielen.
Sie werden in neue Bereiche vordringen und den karmischen Ursprung einer Krankheit verstehen. Dies ist der Beginn einer inneren Entwicklung, die uns seelisch und körperlich heilen lässt.
Mit über 25 Jahren Erfahrung im Auralesen hat Daniel Meurois tausende von Fällen untersucht. Jetzt teilt er mit uns seine Entdeckungen auf diesem Gebiet.

144 Seiten, Klappenbroschur
ISBN 978-3-89845-682-1
€ [D] 16,00

Daniel Meurois

Die Jesus-Methode

So reinigst du deine 8 Energiezentren

Abgesehen von der Lehre, die Jesus seinen Anhängern und Aposteln vermittelte, gibt es noch eine andere, die weit weniger bekannt ist. Sie wurde nur einem engen Kreis von Jüngern zuteil. Einige praktische Aspekte dieser Lehre sind die acht Übungen zur Reinigung der Chakren. Zu den bekannten sieben Hauptchakren kommt ein achtes hinzu, das rein geistiger Natur ist und uns als Sitz der Seele mit unserem Höheren Ich verbindet. Ein leicht zugängliches Handbuch, welches dazu beiträgt, den menschlichen Körper ins Gleichgewicht zu bringen und die geistige Entwicklung positiv zu beeinflussen.

70 Karten, mit Begleitheft,
48 Seiten, in Box
ISBN 978-3-96933-042-5
€ [D] 28,00

Céline Anaya Gautier

Santiago de Compostela

Auf dem Jakobsweg zu dir selbst

Jeder Schritt, Augenblick, Landschaft und gemeinsame Moment, den die Autorin auf dem Jakobsweg eingefangen hat, zeichnet den physischen und spirituellen Weg Tausender Pilger nach, die auf der Suche nach sich selbst sind. Ein verschlungener und schwieriger, aber so wunderbarer Weg.
Diese 70 Karten, inspiriert von den Pilgerreisen der Autorin, begleiten dich auf deiner eigenen inneren Initiationsreise.
Eine zutiefst spirituelle Erfahrung und Selbstbeobachtung.

168 Seiten, broschiert
ISBN 978-3-96933-006-7
€ [D] 16,00

Ingrid Theresia Bleier

Mit deinen 7 Sinnen zum gesunden Menschsein

Wie wir wieder lernen, uns selbst zu vertrauen

Wie wir körperlich & seelisch gesund bleiben
Es ist das Wissen um die eigenen 7 Sinne, dass uns einen einfachen Weg zeigt, wie wir zu Achtsamkeit, Balance und Klarheit finden – zu einem gesunden Menschsein.
Unser Sinnessystem ist das Tor zu bewusster Wahrnehmung, Intuition und Selbstbestimmtheit.
Dieses Buch hilft jede Herausforderung perfekt zu meistern und zugleich körperlich und seelisch gesund zu bleiben, wenn man sich auf seine 7 Sinne verlässt.

336 Seiten, 2-farbig, inkl.
Lesezeichen, broschiert
ISBN 978-3-89845-570-1
€ [D] 19,95

Miriam Oberstaller & Helene Sarah Gruber

Ein Geschenk des Himmels für dich und mich

Die wesentlichen Fragen an das Leben

Die Schnelllebigkeit unserer Zeit und immer neue Aufgaben konfrontieren viele jeden Tag mit neuen Herausforderungen und immer wieder auftauchenden Fragen.
Die drängendsten Fragen an das Leben haben zahlreiche Menschen für dieses Buch gesammelt, und die geistige Welt hat jede einzelne davon liebevoll beantwortet ...
Einfühlsam, berührend und mit viel Humor führt die geistige Welt durch dieses Buch und schenkt in ihren Antworten Kraft und Segen. Dieses Buch möchte Menschen wieder zur Einfachheit führen, in die Selbstermächtigung und Selbstliebe.

400 Seiten, gebunden
ISBN 978-3-89845-541-1
€ [D] 26,95

Carola Hempel

Die Quelle der Spiritualität

Die Verbindung von Wissenschaft, Religion und Philosophie

Sind die großen Religionen wirklich so unterschiedlich, wie wir heute glauben? Haben nicht alle Religionen einen Kern, schöpfen nicht alle aus derselben Quelle?
Dieses Buch deckt das geheime Wissen, die wahren Inhalte der geheimen Lehren der Religion, Esoterik und Naturwissenschaft auf. Carola Hempel erläutert die einzelnen Wege zur Quelle der Spiritualität in den verschiedenen großen Ur-Religionen und zeigt den übergeordneten roten Faden auf, der alle großen Lehren, Philosophien, Religionen und die gesamte Bandbreite der Spiritualität mit ihren vielen Facetten verbindet.

304 Seiten, broschiert
ISBN 978-3-96933-040-1
€ [D] 25,00

Marilyn Mandala Schlitz, Cassandra Vieten, Tina Amorok

Innig leben

Die Kunst der Transformation

Die Erkenntnisse aus unserem langjährigen Forschungsprogramm über Transformation werden Ihnen helfen, inniger zu leben. Wenn Sie Ihr Leben transformieren, bereichern und vertiefen möchten, werden Sie hier einen wertvollen Leitfaden finden.
Ein Perspektivwechsel, der grundlegende Veränderungen bringt. Alles löst sich in Wohlgefallen auf weil der Sinn und Zweck des Daseins endlich verstanden wird.
Bewusstseinstransformation ist das Wichtigste was Sie für sich selbst und die Welt tun können.

160 Seiten, durchg. farbig, gebunden
ISBN 978-3-89845-623-4
€ [D] 16,00

Theo Fischer

WuWei – Lebenskunst des Tao

Nichts tun und alles erreichen

Wer sich der jahrtausendealten Weisheit des Tao öffnet, wird erfahren, dass es sich mit ihr unbeschreiblich leicht lebt.
Theo Fischer zeigt, wie man lernen kann, in der Gegenwart zu leben und das Leben zu genießen. Er begleitet uns auf dem Weg des Tao, der uns zeigt, dass wir das Leben annehmen sollen, so wie es ist, wie man aus seiner Mitte heraus durch Geschehenlassen handeln kann und dadurch frei von Sorgen und Gedanken um das Morgen wird. Wer aufhört, gegen seine innere Kraft zu kämpfen, der erfährt, wie schön und voller Freude unser Dasein von seiner ursprünglichen Bestimmung her sein kann.